DIE KELTEN

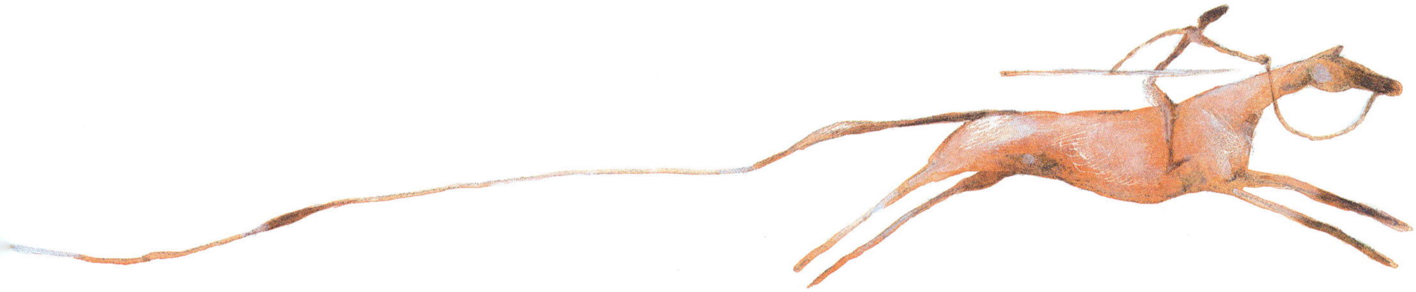

Anne Bernhardi
Birgit Fricke

DIE KELTEN

Verborgene Welt der Barden und Druiden

impian

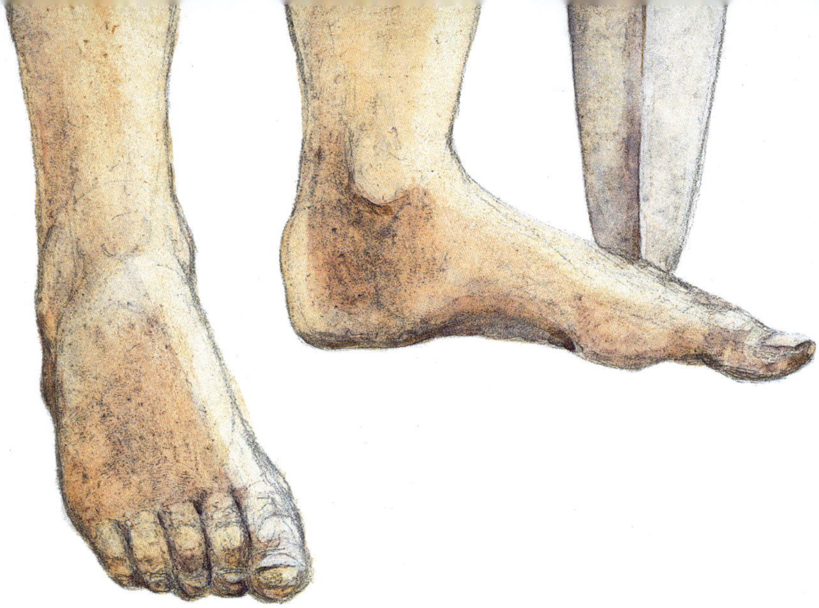

Anne Bernhardi, geb. 1981 in Leverkusen, studierte an der HAW Hamburg Illustration. Seitdem ist sie als freiberufliche Illustratorin und Grafikerin tätig. Ihre Leidenschaft für die Kelten und die keltische Kultur führte zu diesem Buch.

Birgit Fricke, geb. 1968 in Hildesheim, hat an der Universität zu Köln Anglistik, Germanistik und Philosophie studiert. Seit ihrer Promotion ist sie als freie Lektorin, Übersetzerin und Autorin tätig. Ihre Liebe zu Irland und allem Keltischen entdeckte sie durch die irische Literatur, mit der sie sich seit vielen Jahren intensiv beschäftigt.

Inhalt

Emain Macha
Dun Aengus
Tara
Uffington
Battersea
Paris (Lutetia)
Alesia
La Tène
Marseille
(Massalia)
Karthago
Siedlungsgebiete der Kelten
Siedlungsgebiete zur Hallstattzeit
Siedlungsgebiete zur La-Tène-Zeit

DELPHI
ATHEN
ANKARA

WER WAREN DIE KELTEN?

Verborgen in den Nebeln der Zeit

Wie keinem anderen Volk der Antike haftet den Kelten etwas Rätselhaftes an. Das Wenige, was wir heute von ihnen wissen, ist bruchstückhaft und oft widersprüchlich. Zwar haben wir klare Vorstellungen von weißbärtigen Druiden und ihren geheimnisvollen, blutigen Ritualen, von Barden, die zu Harfenmusik die großen Heldentaten besingen, von wilden Kriegern, die sich, das Gesicht furchterregend bemalt, mit Todesverachtung nackt in die Schlacht stürzen, um danach die abgeschlagenen Köpfe ihrer Feinde zu Türmen aufzuschichten, und auch von mächtigen Kriegerköniginnen und Feen. In alldem steckt ein Körnchen Wahrheit. Doch es ist ein romantisiertes Zerrbild, irgendwo zwischen König Artus und Asterix, verfälscht, weil die Kelten selbst kaum etwas von sich preisgaben. Daher ist es einfacher, zunächst einmal zu klären, wer die Kelten *nicht* waren.

Ganz sicher waren sie kein Volk, ebenso wenig eine „Rasse". Nie gab es ein gemeinsames keltisches Reich oder auch nur ein zusammenhängendes, einheitliches Siedlungsgebiet. Die Kelten – das waren Stämme, die im Nordwesten der antiken Welt lebten, Barbaren jenseits der Alpen. *Keltoi* oder *galatai* wurden sie von den Griechen genannt, die Römer sagten *celtae* oder *galli*. Als Gallier – Asterix lässt grüßen – sind sie noch heute populär.

Die Herkunft dieser Bezeichnungen ist so nebulös wie alles „Keltische": Eine mögliche Übersetzung lautet „die Tapferen", woraus sich folgern ließe, dass die Griechen und Römer großen Respekt vor den fremden Kriegern hatten. Eine andere Deutung legt dem Begriff eine keltische Sprachwurzel zugrunde: Das altirische Wort *ceilid* bedeutet „verstecken, verheimlichen". Demnach wären die Kelten „die Verborgenen". Die Stämme des Nordens scheinen bereits den Bewohnern des antiken Mittelmeerraums ein Rätsel gewesen zu sein …

Und doch sind gerade sie, die Griechen und Römer, die Einzigen, die uns überhaupt ein schriftliches Zeugnis über die Kelten hinterlassen haben. Aus den Werken des Poseidonios, des Timagenes von Alexandria, des Diodorus von Sizilien sowie von Strabon und natürlich von Julius Cäsar (Generationen von Schülerinnen und Schülern haben mit seinem *De bello Gallico* – dem *Gallischen Krieg* – im Lateinunterricht Bekanntschaft gemacht) erfahren wir zumindest ein wenig über die geheimnisvollen Stämme jenseits der Alpen. Leider sind diese Quellen nicht immer glaubwürdig und schon gar nicht unvoreingenommen: Die antike Geschichtsschreibung ist noch keine echte Wissenschaft, oft werden Schauermärchen verbreitet, um den Bericht auszuschmücken oder um einen Krieg gegen die vermeintlichen Barbaren zu rechtfertigen. Daher können wir nicht vorbehaltlos glauben, wenn uns die Kelten hier als leicht erregbar oder gar hitzköpfig, als blutrünstig und stets kampfeslustig geschildert werden, wenn Platon ihnen Trunksucht vorwirft oder Aristoteles ihnen gleich grundsätzlich die Fähigkeit zu staatlicher Ordnung abspricht.

Aus einer anderen Quelle ergibt sich ein ganz anderes Bild: Ihre eigenen Mythen und Sagen zeigen die Kelten als Dichter und Denker, als großzügige Gastgeber, als begnadete Musiker und Künstler. Allerdings gibt es auch hier eine Einschränkung, was die Glaubwürdigkeit angeht, denn die Kelten haben ihre Sagen nicht selbst schriftlich festgehalten. Die ältesten Texte stammen aus dem Mit-

telalter. Christliche Mönche haben die bis dahin nur mündlich überlieferten Mythen aufgeschrieben – und dabei sicher auch einiges verändert und verfälscht.

Die verlässlichste Quelle bleiben die archäologischen Funde. Die prächtigen Broschen und Fibeln etwa sprechen für sich und lassen keinen Zweifel daran, dass die Kelten große Kunsthandwerker waren. Die Archäologie ist es auch, die stichhaltige Beweise dafür liefert, dass man durchaus von einer „keltischen Kultur" sprechen kann: Nachweislich gab es kulturelle Gemeinsamkeiten, die die zahlreichen „keltischen" Stämme einten.

Was die Kelten außer einem markanten Kunststil, bestimmten Riten, Sitten und Gebräuchen miteinander verband, war ihre Sprache. Es gab mehrere keltische Sprachen, die sich durch eine Reihe von charakteristischen Merkmalen von anderen Sprachen des antiken Europa wie Griechisch, Lateinisch, Etruskisch oder Germanisch unterschieden. Die meisten sind heute ausgestorben, doch einige keltische Sprachen haben bis in unsere Zeit überlebt: Bretonisch in der Bretagne, Kymrisch in Wales, Gälisch in Schottland und Irisch in Teilen Irlands. Kornisch in Cornwall und Manx auf der Insel Man sind erst vor Kurzem erloschen. Dort, wo die keltischen Sprachen noch lebendig sind, kommt man dem kulturellen Erbe der Kelten am nächsten.

Ab dem 7. Jahrhundert v. Chr. haben keltische Stämme in Europa ihre Spuren hinterlassen, sei es in den Berichten der schreibenden antiken Völker oder in Form von archäologischen Funden. Die ältesten Spuren entdeckte man in der Schweiz, in Österreich und in Süddeutschland.

Mit der Zeit verließen einige von ihnen die Alpenregion und wanderten westwärts, besiedelten große Teile des heutigen Frankreich, zogen weiter bis nach Spanien und setzten schließlich nach Britannien und Irland über. Ein frühes schriftliches Zeugnis über die Kelten verdanken wir dem griechischen Historiker Ephoros von Kyme, der Mitte des 4. Jahrhunderts v. Chr. lebte: Danach siedelten die Kelten im äußersten Westen der bewohnten Welt. Im 4. und 3. Jahrhundert v. Chr. begaben sich die Kelten erneut auf Wanderschaft, diesmal in die andere Richtung: Sie zogen über die Alpen nach Rom, nach Griechenland, nach Kleinasien. Rivalitäten zwischen den Stämmen und die Suche nach fruchtbarem Land mögen der Grund dafür gewesen sein, vielleicht war es auch so, wie Plinius der Ältere im 1. Jahrhundert v. Chr. berichtet: Ein keltischer Handwerker, der eine Weile in Rom gelebt hatte, brachte eine getrocknete Feige, eine Traube und etwas Öl und Wein mit zurück – und weckte damit Begehrlichkeiten und die Sehnsucht nach dem Süden.

Für kurze Zeit erstreckte sich das keltische Siedlungsgebiet also von der Iberischen Halbinsel über Frankreich, Oberitalien und den Balkan bis in die heutige Türkei. Doch die Kelten konnten nicht dauerhaft im Mittelmeerraum Fuß fassen. Immer weiter wurden sie zurückgedrängt. Mit dem Aufstand des Galliers Vercingetorix, der 51 v. Chr. von Cäsar niedergeschlagen wurde, endet die keltische Kultur auf dem europäischen Festland, von nun an mischte sie sich mit der Kultur der römischen Besatzer. Der westliche Rand Europas aber, also die Bretagne und die britischen Inseln, wurde erneut die Zuflucht keltischer Stämme. Hier, vor allem in Irland, das nie von den Römern erobert wurde, haben die keltische Kultur und Sprache zumindest teilweise überlebt.

Wer also waren die Kelten? Ein Gemisch von Stämmen so bunt wie ihre Karostoffe und ihre kühn bemalten Gesichter, geeint nur durch ihre Sprache und eine gemeinsame Kultur – genauer lässt sich diese Frage nicht beantworten. Trotzdem können wir uns ein Bild von den Kelten machen, ausgehend von dem Wenigen, was wir über sie wissen. Wir können uns ausmalen, wie sie lebten, wie sie aussahen, wie sie kämpften, woran sie glaubten. Genau das wollen wir im Folgenden in Bild und Text versuchen. Und nach jedem Sachkapitel kommen die Kelten in einer kurzen mythischen Erzählung sozusagen selbst zu Wort.

Von dem altirischen Wort *ceilid* für „verstecken, verbergen" leitet sich auch der *kilt* ab, der traditionelle keltische Männerrock, der in Irland und Schottland noch heute getragen wird.

Wie Irland einst besiedelt wurde

Sehr, sehr lange ist es her, da lag die smaragdgrüne Insel, die heute Irland heißt, von Menschen unberührt im tosenden, rauen Meer. Doch eines Tages kamen Menschen. Zuerst eine Frau mit fünfzig Mädchen und drei Männern. Dann Partholon und seine Familie, von einer Insel im tiefen Süden. Dann Nemed und seine Leute, von sehr weit aus dem Osten. Und dann die Fir Bolg, die „Männer der Säcke", Nachfahren Nemeds, die Irland wieder verlassen hatten und im Land der Griechen als Sklaven dienen mussten.

Als die Fir Bolg an Irlands grüner Küste landeten, erschraken sie nicht wenig: Grausige Gestalten empfingen sie, einarmig, einbeinig, einäugig, manche mit Schafs- oder Ziegenköpfen, manche mit wulstigen Lippen oder vier Augen am Hinterkopf. Das waren die Fomorier, Wesen, von denen niemand wusste, wann und wie sie auf die Insel gelangt waren. Man wusste nur, dass sie bisher jeden, der hier siedeln wollte, blutig bekämpft und vertrieben hatten.

Die Fir Bolg aber ließen sie gewähren. So konnten sie die Insel mit Muße urbar machen. Das taten sie mit viel Geschick und großem Fleiß. Sogar die Felswüsten im Westen der Insel machten sie fruchtbar, indem sie die kahlen Flächen mit Schichten von Sand und Meerestang bedeckten und sie mit Mauern befestigten. Bald wuchsen hier Feldfrüchte aller Art, und die Fir Bolg konnten gut leben. Wie alle Siedler zuvor genügte ihnen die Kraft ihres Körpers. Ihren Verstand brauchten sie nicht.

Der Friede währte jedoch nicht ewig. Eines Tages, es war der erste Tag im Mai, landeten zum fünften Mal Schiffe an den sattgrünen irischen Ufern. Mit ihnen kam das Volk der Dana, die Tuatha Dé Danann: der König Nuadu, der Dagda, ein weiterer Anführer, mit seinem Sohn Bodb und seiner Tochter Brigit, der Heiler Dian Cécht und sein Enkel Lug, der Schmied Goibniu, der Zimmermann Luchta, der Bronzeschmied Crédne, der Krieger Ogma, die Kriegerin Morrígan sowie Macha und „die drei Schattenhaften" Brian, Iuchar und Iucharba. Sie wollten für immer in Irland bleiben, deshalb verbrannten sie, kaum dass sie an Land gegangen waren, ihre Schiffe. Drei Tage und Nächte verdunkelte der Rauch die Sonne.

Die Tuatha Dé Danann waren sehr weise. Ihre Weisheit hatte sie in den Besitz von vier kostbaren Schätzen gebracht, die ihnen große Macht verliehen. Der erste Schatz war der Lia Fál, der Stein des Schicksals. Setzte der rechtmäßige König seinen Fuß auf ihn, tat dieser Stein einen lauten Schrei. Der zweite Schatz war das Schwert des Nuadu, ein Königsschwert, mit dem der Sieg gewiss war. Der dritte Schatz war der Speer des Lug. Dieser Speer leuchtete wie ein Blitz, so grell, dass er oft verhüllt werden musste. Nie verfehlte er sein Ziel. Zudem half sein strahlendes Licht, dem Verstand Klarheit zu verschaffen. Der vierte Schatz schließlich war der Kessel des Dagda. Es war ein Kessel der Fülle, der unerschöpflich Speisen hervorbrachte. Sie ernährten das ganze Volk. Der Dagda, sehr mächtig unter den Tuatha Dé Danann, besaß noch einen weiteren Schatz: Auf seiner Zauberharfe konnte er die Melodien der Freude, der Trauer und des Schlafes erklingen lassen.

Durch ihre Weisheit und Zauberkunst waren die Tuatha Dé Danann den Fir Bolg weit überlegen. Als sie aufeinandertrafen, beschworen die Zauberkundigen Nebel herauf, sodass die Fir Bolg nichts mehr sehen konnten. Nun stellten sie die Fir Bolg vor die Wahl: Wollten sie den Tuatha Dé Danann die Herrschaft über die Insel freiwillig überlassen oder wollten sie darum kämpfen? In ihrer Einfalt entschieden sich die Fir Bolg für den Kampf – obwohl sie den Feind nicht sehen und somit auch nicht verstehen konnten. Und so kam es zur ersten großen Schlacht von Mag Tuired, in der die Tuatha Dé Danann die Fir Bolg besiegten und vertrieben. Nachdem sie in der zweiten großen Schlacht von Mag Tuired auch die Fomorier besiegt und ein Bündnis mit ihnen geschlossen hatten, gehörte ihnen, den weisen Zauberern, die Herrschaft über Irland.

Eines Tages aber, wieder am ersten Tag des Mai, erreichten sechsunddreißig Schiffe die irische Küste. Sie trugen die acht Söhne des Míl und ihre Leute, daher nannte man sie die Milesier. Sie wurden aber auch Gälen geheißen und kamen von einer südlichen Halbinsel, die man heute Spanien nennt. Geführt wurden sie von den Brüdern Éber und Éremon. Sie wollten Irland erobern und damit vollenden, was ihrem Großvater nicht gelungen war: Ihn hatten die Tuatha Dé Danann vor Jahren getötet.

Die Tuatha Dé Danann sahen die Schiffe und ließen erneut einen Zaubernebel aufziehen, doch diesmal blieb er ohne Wirkung. Die Milesier gingen an Land. Dort trafen sie alsbald auf ein altes Weib in schäbigen Kleidern. Das hieß die Fremden freundlich willkommen. Da bedankte sich Amairgin, einer der Söhne des Míl und der große Dichter und Sänger der Milesier, recht höflich für diesen Empfang und wechselte einige Worte mit der Frau. Bald begann sie, ihm ihr Leid zu klagen: Königin sei sie einst gewesen über diese schöne smaragdgrüne Insel, doch nun sei ihre Zeit vorbei und sie werde ihre Macht verlieren. Ob denn die Fremden, im Tausch gegen die Herrschaft, der Insel ihren Namen geben würden? Für alle Zeiten? Amairgin war einverstanden. Ihr Name aber war Ériu, und noch heute wird die grüne Insel Éire, „der Ériu zugehörig", genannt.

Doch während Ériu und Amairgin noch miteinander redeten, fiel ihnen Donn, der älteste Sohn des Míl, ins Wort. Ungeduldig suchte er die Schlacht mit den Tuatha Dé Danann, und er sagte Ériu ins Gesicht, er fände es unnötig, einer runzligen Frau für einen freundlichen Empfang zu danken. Aus eigener Kraft und mit der Hilfe der eigenen Götter werde man die Insel erobern, was brauche man da den Segen eines alten Weibes. Und so zogen die Söhne des Míl und ihre Mannen weiter, bis ihnen die Tuatha Dé Danann entgegentraten. Wieder ergriff Amairgin das Wort. Doch die Tuatha Dé Danann wollten nicht lange verhandeln. Sie stellten eine Bedingung: Die Söhne des Míl sollten sich wieder auf ihre Schiffe begeben und sich auf neun Wellenlängen vom Ufer entfernen. Gelänge es ihnen, ein zweites Mal zu landen, sollte die Insel ihnen gehören.

Die Milesier nahmen die Herausforderung an. Doch kaum waren sie neun Wellenlängen vom Ufer entfernt, ließen die Tuatha Dé Danann einen furchtbaren Sturm aufziehen. Die mächtigen Schiffe der Milesier tanzten auf den gewaltigen Wellen wie winzige Nussschalen und drohten auseinanderzubrechen. Fünf Söhne des Míl fanden den Tod, unter ihnen der ungestüme Donn, der in den wilden Wogen ertrank.

Die Zauberkunst der Tuatha Dé Danann war groß. Doch auch die Milesier hatten einen mächtigen Zauberer: Amairgin. Mit einem Gegenzauber beschwor er den tobenden Sturm: „Die umhertreiben auf sturmgepeitschter See, sie sollen sicher das Land erreichen. Sie sollen Heimat finden auf den Ebenen, in den Gebirgen und in den Tälern, in den nussreichen Wäldern und an den fischreichen Wassern. Die Insel soll unser Land werden, und unsere Fürsten und weisen Frauen sollen der edlen Ériu kundtun, dass wir kommen."

Sogleich legte sich der Sturm und die Schiffe erreichten ein zweites Mal das grüne Ufer der Insel. Und mit diesem Lied nahm Amairgin das Land in Besitz:

Ich bin der Wind über der See;
Ich bin eine Woge des Ozeans;
Ich bin das Murmeln der Nebelschwaden;
Ich bin der Stier der sieben Schlachten;
Ich bin der Adler auf dem Fels;
Ich bin der Strahl der Sonne;
Ich bin die schönste aller Blumen;
Ich bin ein wilder Eber an Kampfesmut;
Ich bin der Lachs im Wasser;
Ich bin ein See in der Ebene;
Ich bin das Geschick des Handwerkers;
Ich bin ein Wort der Weisheit;
Ich bin eine Speerspitze in der Schlacht;
Ich bin der Gott, der den Geist entflammt.

Wer erleuchtet die Versammlung auf dem Berg, wenn nicht ich?
Wer kennt die Phasen des Mondes, wenn nicht ich?
Wer kennt den Platz, an dem die Sonne ausruht, wenn nicht ich?

Die Milesier drangen nun weiter vor, bis zur Mitte der irischen Insel. Dort kam es zu einer großen Schlacht. Lange kämpfte das Volk der Dana gegen die Milesier. Doch es konnte nicht gewinnen. Und so zogen sich die Tuatha Dé Danann in eine Welt unter den grünen Hügeln zurück. Dort leben sie bis heute, und der Dagda bewirtet sie aus seinem unerschöpflichen Kessel der Fülle. Über die sichtbare Welt der grünen Insel aber herrschen seither die Söhne des Míl und ihre Nachkommen.

HALLSTATT UND LA TÈNE

Blick in die Vergangenheit

Man schrieb das Jahr 1846, als Johann Georg Ramsauer, Bergmeister der staatlichen Saline, am Ufer des Hallstätter Sees im österreichischen Salzkammergut eine historische Entdeckung machte: Er war auf ein gigantisches vorgeschichtliches Gräberfeld gestoßen und hatte damit einen Blick auf die Anfänge der mitteleuropäischen Kultur eröffnet. Eine archäologische Sensation! Bis 1862 wurden fast tausend eisenzeitliche Skelette geborgen, alle zwischen dem 8. und 4. Jahrhundert v. Chr. bestattet, und noch in den 1930er-Jahren fand man weitere Gräber. Für besondere Aufregung sorgten die prächtigen Grabbeigaben wie Eisenschwerter mit Bernsteinverzierungen und Elfenbeingriff – ihre Besitzer mussten Handel getrieben haben, mussten das Salz, das sie in der Gegend von Hallstatt abbauten, gegen exotische Waren aus weit entfernten Ländern eingetauscht haben. Wer waren diese frühen Europäer?

Nur wenige Jahre nach Ramsauers Sensationsfund machte man auch in der Schweiz eine atemberaubende Entdeckung. Als im Winter 1853/54 der Wasserspiegel des Neuenburger Sees absank, wurden nahe einer Untiefe an der Nordspitze des Sees, La Tène genannt, schwärzliche Balken im Schlamm sichtbar. Die herbeigerufenen Archäologen aus Zürich begannen zu graben und stießen auf eine große Menge von Metallobjekten. Hunderte von Schwertern mit kunstvoll verzierten Scheiden, Speerspitzen, Münzen, Schmuck, Teile von Pferdegeschirren und Schildbuckel kamen zum Vorschein. Opfer für die Götter? Überreste einer vorgeschichtlichen Siedlung? Wer hatte dort gewohnt?

Schon bald nach ihrer Entdeckung wurden beide Fundstätten, Hallstatt und La Tène, mit keltischen Stämmen in Verbindung gebracht, und sie gaben den keltischen

Kulturen der Eisenzeit ihren Namen. So beginnt die keltische Kultur in Mitteleuropa mit der jüngeren Hallstattzeit, die den Zeitraum von 650 bis 450/400 v. Chr. umfasst (die ältere Hallstattzeit wird für 750 bis 650 v. Chr. angesetzt; für sie lassen sich keine Spuren einer eindeutig keltischen Kultur nachweisen). Kennzeichnend für diese Kultur sind unter anderem bestimmte Formen von Gewandspangen: Schlangen- und Paukenfibeln.

Beim Vergleich der Artefakte von Hallstatt und La Tène fand man schnell heraus, dass sie sich, wenngleich Teil einer gemeinsamen Kultur, stark voneinander unterschieden – so stark, dass man beschloss, mit der „La-Tène-Zeit" eine neue Epoche beginnen zu lassen. Sie umfasst den Zeitraum vom 5. bis zur Mitte des 1. Jahrhunderts v. Chr., endet also etwa mit der Eroberung Galliens durch Julius Cäsar. Die La-Tène-Kultur war die Blütezeit des keltischen Kunsthandwerks. Charakteristisch für die La-Tène-Zeit sind zunächst die Maskenfibeln, später geschweifte Fibeln.

Prunkvolle Zeichen der Macht

Einen besonders faszinierenden Einblick in die Kultur der eisenzeitlichen Kelten gewähren ihre prächtigen Grabstätten, die sogenannten Fürstengräber. Die frühesten stammen aus der jüngeren Hallstattzeit. Ob tatsächlich nur Fürsten, Stammesführer, in diesen Gräbern bestattet wurden, wissen wir nicht genau; fest steht aber, dass es sich um Menschen handelte, die eine hervorgehobene Position bekleideten und dem höheren Stammesadel angehörten. So zeugen diese frühen Prunkgräber von einer mächtigen und reichen aristokratischen Kultur.

Die Fürstengräber der Hallstattzeit machten in besonderer Weise auf den hohen Rang des Verstorbenen aufmerksam: Es waren Grabhügel, gewaltige Monumente, die weithin sichtbar waren und die ganze Landschaft beherrschten. Dementsprechend großzügig waren auch die Grabbeigaben. Dem Toten wurden kostbare Gegenstände aus Edelmetall, meistens Gold, und wertvolle Waren aus dem Mittelmeerraum, Wein, Waffen oder edle Gefäße, auf seine Reise ins Jenseits, die „Anderswelt", mitgegeben. Als Gefährt erhielt er einen vierrädrigen Wagen (in der La-Tène-Zeit in der Regel nur zweirädrig), dazu ein kleines Schwert oder einen Dolch – und eine ordentliche Portion Schweinefleisch, um beim großen Fest in der Anderswelt nicht mit leeren Händen dazustehen. Selbstverständlich brauchte der Fürst auch Schmuck, Ess- und Trinkgeschirr.

Meistens befinden sich die Fürstengräber der Hallstattzeit in unmittelbarer Nähe von sogenannten Fürstensitzen, keltischen Siedlungen in markanter Höhenlage. Die berühmtesten liegen in Burgund, in der Schweiz und in Baden-Württemberg (Vix, Grafenbühl, Hohmichele, Magdalenenberg, Hirschlanden). Ein besonders gut erhaltenes Grab aus dieser Epoche wurde 1968 in Hochdorf, knapp zwanzig Kilometer nordwestlich von Stuttgart, entdeckt. In der gänzlich unversehrten Grabkammer fand man das Skelett eines etwa vierzigjährigen Mannes auf einer kostbaren Bronzeliege, einer sogenannten Kline, aufgebahrt. Er trug goldene Armreifen und um den Hals einen breiten Goldring. Sein Gürtel, die Schuhe und der Dolch auf seiner Brust besaßen goldene Zierbeschläge. Außer diesen offenbar eigens für die Bestattung gefertigten Schmuckgegenständen hatte man dem keltischen Fürsten noch persönliche Gegenstände mit auf die Reise gegeben: drei Angelhaken, einen Köcher mit Pfeilen und einen Hut aus Birkenrinde. Sein Wagen ist fast vollständig mit Eisen überzogen und hat die Jahrtausende gut überstanden, ebenso wie das Zaumzeug und das umfangreiche Ess- und Trinkgeschirr. Als besonders prächtiges Stück besaß der Fürst von Hochdorf einen fünfhundert Liter fassenden, mit Löwen verzierten Kessel, der aus dem Mittelmeerraum stammt. In ihm fanden sich noch Reste von Met, von Honigwein – offenbar sollte der Fürst auf seiner langen Reise keinen Durst leiden. Kessel wurden auch in anderen Gräbern gefunden und waren möglicherweise Teil

des keltischen Glaubens an ein Weiterleben nach dem Tod: Mythen berichten von magischen Kesseln, die allerlei gute Dinge hervorzaubern oder gar tote Krieger wieder zum Leben erwecken können. Eine Darstellung dieses Mythos findet sich wiederum auf einem Kessel, nämlich auf dem berühmten Kessel von Gundestrup. Hofften die Hinterbliebenen, der Fürst von Hochdorf werde nach dem Eintauchen in einen magischen Kessel ein neues Leben beginnen können?

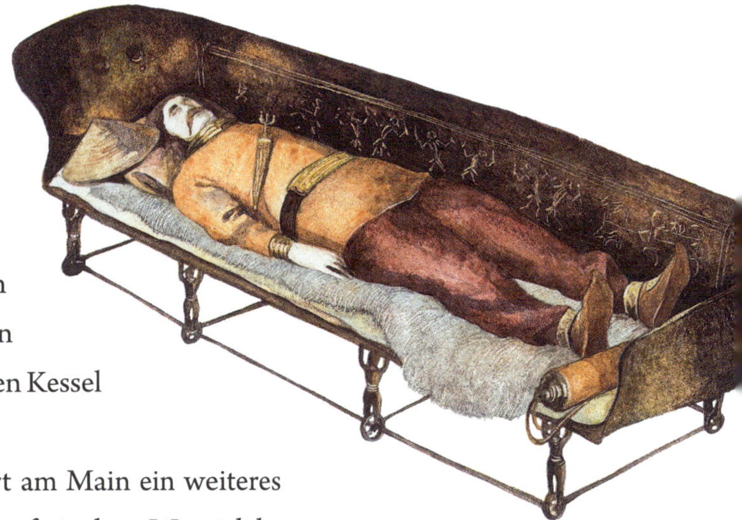

1987 wurde am Glauberg in der Nähe von Frankfurt am Main ein weiteres keltisches Fürstengrab entdeckt und in den 1990er-Jahren freigelegt. Wie sich herausstellte, handelte es sich hier aber nicht nur um eine Grabstätte, sondern um einen größeren heiligen Bezirk mit zwei Grabhügeln, Kultstätten und Prozessionsstraßen. In den beiden Gräbern, die auf die Mitte des 5. Jahrhunderts v. Chr. datiert werden konnten (also in die Übergangszeit von der Hallstatt- zur La-Tène-Zeit), waren drei mächtige Krieger bestattet worden. Bemerkenswert ist vor allem die steinerne Statue eines keltischen Kriegers, der eine Art Blattkrone trägt. Man vermutet, dass sie die Blätter einer Mistel darstellen soll – eine Pflanze, die für die Kelten sehr große kultische Bedeutung hatte. Die Füße der lebensgroßen Statue sind abgebrochen, dennoch misst sie stolze 1,86 Meter. Der dargestellte Krieger trägt einen Panzer aus Leder und Leinen (einen sogenannten Kompositpanzer, da er aus zwei verschiedenen Materialien besteht), einen Schild und ein Schwert an der rechten Seite. Interessant ist, dass bei einem der Skelette ein gebogenes Eisengestell gefunden wurde, das Teil einer echten Blattkrone gewesen sein könnte.

Die Liege, auf der man den Fürsten von Hochdorf aufgebahrt fand, nennt man eine Kline. Diese Ruheliege mit hochgebogenem Kopfende war vor allem bei den Römern und Griechen sehr beliebt.

In der La-Tène-Zeit schwanden die Grabhügel allmählich, sie wurden durch Flachgräber abgelöst. Die Ausstattung blieb jedoch prächtig. Berühmte Fürstengräber der La-Tène-Zeit findet man im Rhein- und Saarland, in der Champagne, in Böhmen und Österreich (Bad Dürkheim, Rodenbach, Schwarzenbach, Waldalgesheim, Weiskirchen).

DER MAGISCHE KESSEL DES BRÂN

Einst herrschte über Britannien der große und mächtige König Brân, den man auch den Gesegneten nannte. Als er eines Tages an einem seiner Höfe im Westen seiner Insel weilte, gewahrte er dreizehn Schiffe, die in zügiger Fahrt vom südlichen Irland her auf die britische Küste zusegelten. – „Dort nähern sich Schiffe", sagte er zu seinen Begleitern. „Die Männer des Hofes sollen sich rüsten und sie nach ihrem Anliegen fragen." Zu seinen Begleitern zählten seine beiden Halbbrüder, Nisien, „der Friedliebende", und Efnisien, „der Streitsüchtige".

Die Männer gehorchten Brâns Befehl und machten sich auf den Weg zum Strand. Es waren prächtige Schiffe, die sie dort sahen, mit Seidenbannern, die stolz im rauen Wind wehten. Auf einem der Schiffe reckten die Männer einen Schild empor, mit der Spitze nach oben: Das hieß, sie kamen in friedlicher Absicht. Brân und seine Leute warteten. Als die Fremden in Hörweite waren, fragte er sie: „Wer ist es, dem diese Flotte gehört?" – „Herr", antworteten die Fremden, „hier kommt Matholwch, der König von Irland." – „Wünscht Matholwch an Land zu kommen?" – „Nur, wenn ihm gewährt wird, worum er Euch ersucht." – „Was ist es denn, worum er mich ersucht?" – „Herr, es ist die Hand Eurer schönen Schwester Branwen, der Tochter des Llŷr. Matholwch wünscht, sich mit Euch zu verschwägern. Dann wären die Insel der Starken und Irland miteinander vereint und somit noch stärker." – „Er soll an Land kommen", befand König Brân. „Wir wollen darüber beraten."

Und so geschah es. Bereits am nächsten Tag wurde beschlossen, dass Branwen dem Matholwch zur Frau gegeben werden sollte. Aus diesem Anlass gab es ein großes Fest. Man feierte fröhlich in Zelten, denn Brân war so groß, dass er in kein Haus hineinpasste. Und nach der Feier gab man Branwen dem Matholwch, damit sie das Lager miteinander teilten. Alles war gut.

Doch einige Tage später schickte sich Matholwch an, unvermittelt, ohne Abschied und Erlaubnis, nach Irland zurückzusegeln. Als Brân davon hörte, sandte er seine Männer aus, damit sie in Erfahrung brächten, was den irischen König dazu veranlasst haben mochte. Sie fanden Matholwch sehr wütend und traurig. Nie habe er, so sagte er ihnen, eine schlimmere Beleidigung erfahren und er bedaure zutiefst, hierhergekommen zu sein. Was denn geschehen sei, fragten Brâns Männer entsetzt. – „Man hat unsere Pferde verstümmelt", gab der irische König zur Antwort. „Sie wurden so verdorben, dass sie nun unnütz sind. Was soll das nur? Erst gibt man mir Branwen, die schöne Tochter Llŷrs, eines Königs der Insel der Starken, eine der Stammmütter dieser Insel, damit ich das Lager mit ihr teile, und dann beleidigt man mich auf so grässliche Weise? Das verstehe ich nicht."

Brâns Boten waren sehr erschrocken über diese Nachricht. Sogleich versprachen sie Matholwch, sich um die Aufklärung dieser Schandtat zu kümmern. Sie fanden heraus, dass Efnisien, der Halbbruder König Brâns, sie begangen hatte, weil er nicht wollte, dass Branwen die Frau des Matholwch wurde. Als Brân von den Geschehnissen hörte, bat er Matholwch zum Zwiegespräch, um erneut mit ihm zu verhandeln.

„Was dir angetan wurde, Matholwch", sprach Brân zu dem irischen König, „geschah nicht mit meiner Billigung. Du sollst entschädigt werden. Gleich morgen sollst du neue Pferde erhalten, so viele, wie dir verdorben wurden. Dazu bekommst du einen silbernen Stab, so dick wie dein kleiner Finger und so lang, wie du selbst bist, und eine Tafel aus Gold, so groß wie dein Gesicht." – „Ich danke dir", gab Matholwuch zurück. Doch er wirkte noch immer betrübt. – „Wenn dir das nicht genügt", sagte Brân, als er sah, dass der irische König nicht recht zufrieden war, „will ich deine Entschädigung gern erhöhen. Ich schenke dir einen Kessel, der eine besondere Eigenschaft hat: Wird dir heute ein Krieger erschlagen, so wirf ihn in diesen Kessel hinein. Morgen wird er so gut sein wie jemals zuvor, nur dass ihm die Gabe des Sprechens fehlt." – „Hab vielen Dank", sagte Matholwch. „Darüber freue ich mich sehr. Doch weißt du auch, woher dieser Kessel stammt?" – „Von deiner Insel", sagte Brân. „Das ist alles, was ich weiß." – „Nun", sagte Matholwch, „ich werde dir mehr erzählen. Einst kam ich auf der Jagd an den See, den wir den See des Kessels nennen. Auf einmal entstieg ihm ein riesiger Mann mit roten Haaren, ein wahrer Hüne, und er trug diesen Kessel auf dem Rücken. Hinter ihm stieg seine Frau aus dem See und sie war doppelt so groß wie er. ‚Wie geht's, wie steht's?', habe ich ge-

fragt, und ich erfuhr, dass die Frau schwanger war und in sechs Wochen gebären sollte, und zwar einen Krieger in voller Rüstung. Da nahm ich die beiden zu mir. Doch nach einem Jahr begannen sie, sich sehr schlecht zu benehmen. Sie haben mein Volk gequält und belästigt. Da haben sich meine Leute gewehrt: Sie haben den Riesen ein eisernes Haus gebaut, sie betrunken gemacht und versucht, sie in dem Haus zu verbrennen. Aber nur die Kinder wurden getötet, die beiden Riesen sind entkommen. Sie sind durch die Irische See gewatet, den Kessel wieder auf dem Rücken. So muss der Kessel zu dir gelangt sein."

Nach diesem Gespräch trennten sich die beiden Könige in Frieden. Matholwch nahm die neuen Pferde, den Silberstab, die goldene Tafel, den magischen Kessel und die schöne Branwen und segelte zurück nach Irland. Dort gebar ihm Branwen einen Sohn. Doch nach einem Jahr begann das irische Volk zu murren. Es konnte nicht vergessen, dass ihr König und mit ihm alle Iren auf der Insel Brâns gedemütigt worden waren. Und so sannen die Iren auf Rache. Das berichteten Matholwchs Ziehbrüder dem König, und sie drängten ihn, Branwen für die Schmach büßen zu lassen, die ihr Volk den Iren angetan habe. Matholwch gab ihnen nach und befahl, die schöne Branwen müsse fortan Küchendienst leisten. Zudem solle ihr der Koch jeden Tag, nachdem er das Fleisch zerlegt habe, eine Ohrfeige verabreichen.

So geschah es. Branwen ertrug geduldig ihr Los, richtete aber heimlich einen Staren ab, der ihrem Bruder in Britannien eine Nachricht übermitteln sollte. Als dieser eines Tages die Nachricht erhielt, stellte er sogleich ein Heer zusammen und machte sich auf den Weg nach Irland. Seine Männer fuhren mit Schiffen, Brân selbst jedoch watete durch das raue Meer von einer Insel zur andern, da jedes Schiff zu klein für ihn war.

Die Iren sahen ihn herannahen wie einen gewaltigen Berg in den wilden Fluten, und da überkam sie große Furcht. Sie versammelten ihre Krieger und fragten ihren König Matholwch um Rat. Der entschied, sich an das jenseitige Ufer eines magischen Flusses zurückzuziehen, den Schiffe nicht überqueren konnten. Die einzige Brücke ließ er abreißen. Doch als Brân den Fluss erreichte, sprach er: „Der, der führt, soll eine Brücke sein. Ich werde eure Brücke sein." Und so legte er sich selbst als Brücke über den Fluss, sodass sein Heer über ihn hinwegziehen konnte.

Am anderen Ufer erhielten Brâns Krieger die Kunde, Matholwch heiße Brân herzlich willkommen. Er habe abgedankt und seinen Sohn, Brâns Neffen, zum König von Irland gemacht, um das Unrecht, das Branwen geschehen sei, wiedergutzumachen. Ferner werde man Brân, um ihn zu ehren, endlich ein Haus bauen, in dem er Platz fände. Damit erklärte sich Brân einverstanden, und man schloss ein zweites Mal Frieden. Doch die Iren wollten Brân überlisten. Rund um sein riesiges Haus waren bewaffnete Männer versteckt. Als Efnisien das entdeckte, rief er sogleich Brâns Krieger heran, und nun kam es zum blutigen Kampf. Bald reute es König Brân bitter, dass er Matholwch den Kessel geschenkt hatte, denn jeder erschlagene irische Krieger wurde dort hineingetaucht und kehrte einen Tag später zwar sprachlos, aber heil und kräftig in die Schlacht zurück.

Die Lage der Briten war verzweifelt. Da sagte Efnisien zu sich selbst: „Ich bin daran schuld, dass die Männer der Insel der Starken den Tod finden. Also bin ich es, der sie retten muss." Und er legte sich zwischen die Leichen der gefallenen irischen Krieger, als sei er einer von ihnen. Am Abend warf man ihn mit den gefallenen Iren in den Kessel der Wiedergeburt. Darin streckte sich Efnisien mit all seiner Kraft. Darauf zerbarst der Kessel in vier Teile. Zugleich brach Efnisiens Herz.

Und so wurden sieben Männer aus dem Heer des Brân sowie die schöne Branwen gerettet, denn die irischen Krieger konnten geschlagen werden. Brân selbst aber war auf den Tod verwundet. Ein vergifteter Speer hatte ihn am Fuß getroffen. Da befahl er, man solle ihm das Haupt abschlagen und es im Weißen Hügel von Londinium begraben, mit dem Blick zum Festland. So werde er Britannien auch nach seinem Tod beschützen.

Als die sieben Männer nun mit Branwen und dem abgeschlagenen Haupt des Brân zurück nach Britannien kamen, blickten sie von der Küste auf beide Inseln, die einmal verschwägert waren. – „Weh mir", seufzte Branwen bei diesem Anblick. „Zwei gute Inseln, Irland und die Insel der Starken, wurden meinetwegen verwüstet." Und indem sie das sagte, brach ihr das Herz und sie hauchte ihr Leben aus.

Brâns Haupt aber wurde bestattet, wie er es befohlen hatte, und bis man es wieder ausgrub, geschah der Insel der Starken kein Leid.

DIE KELTISCHE GESELLSCHAFT

Starke Frauen, mächtige Männer

Wenn sich eine keltische Familie am Abend um das Feuer versammelte, um Geschichten zu erzählen, Musik zu machen oder einfach von den Erlebnissen des Tages zu berichten, dann fanden kaum alle Platz: Die Kelten lebten in Großfamilien, bestehend aus vier Generationen, Urgroßeltern, Großeltern, Eltern und Kinder. Eine solche Großfamilie bildete das Herzstück und das Grundgerüst der keltischen Gesellschaft. Mehrere Familien schlossen sich zu einem Stamm zusammen, der von einem Fürsten oder König angeführt wurde. Diese Stämme waren unabhängig, versorgten sich größtenteils selbst, konnten ihre eigenen Gesetze beschließen und verehrten eigene Stammesgötter.

Im keltischen Irland des Frühmittelalters wurde für jeden freien Mann ein Ehrenpreis festgelegt. Geschah dem Freien ein Unrecht, wurde er beleidigt oder kam er gar um, bildete der Ehrenpreis die Grundlage für die Entschädigung, die er selbst oder seine hinterbliebene Familie zu erwarten hatte.

Nun darf man sich einen keltischen König oder Fürsten nicht wie einen hochmittelalterlichen oder gar neuzeitlichen Monarchen vorstellen. Bei den Kelten war der König nicht mehr als ein Stammesfürst, und wenn er starb, musste nicht zwingend sein Sohn die Nachfolge antreten, sondern das war jedem anderen möglich, der der Königsfamilie entstammte. Auch hatten die keltischen Könige nicht die gleiche Macht wie die mittelalterlichen Herrscher ein Jahrtausend später. Sie waren nicht viel mehr als Feldherren, führten ihren Stamm im Krieg an, aber weder Rechtsprechung noch das Verhängen von Strafen lagen in ihrer Hand. Das war Aufgabe der Druiden.

Innerhalb des Stammes unterschied man zwischen Adligen, Freien und Unfreien. Zu den Adligen gehörten neben dem Fürsten und seiner Familie auch die Druiden, die

Krieger, die Meister des Kunsthandwerks und Schmiede sowie die Heilkundigen. Sie alle wurden ernährt von den Freien – Bauern und Handwerkern – sowie den Unfreien, den in Ungnade gefallenen Familien und den Sklaven, die den Hauptteil der Arbeit zu leisten hatten.

Man ahnt, dass diese Pyramide leicht ins Wanken geraten konnte. Und tatsächlich kam es, wie in so vielen Kulturen, auch in der keltischen zu Umwälzungen, als nach einigen Jahrhunderten des Fürstenkults der Reichtum so ungleichmäßig verteilt war, dass ein weiteres Überleben mit dieser Herrschaftsform nicht möglich war.

Der Fürst sicherte sein Wohlergehen nämlich durch ein sehr erfolgreiches Prinzip: Er bot seinen Gefolgsleuten, den Kriegern, die sich freiwillig an ihn banden und für ihn kämpften, Schutz. Außerdem besaß er Vieh, das er an seine Mannen ausleihen konnte. Wurde auf Kriegszügen neues Vieh erobert, konnte der Fürst auch dieses verleihen und so weitere Gefolgsleute an sich binden. Mehr Krieger bedeuteten wiederum noch mehr Vieh und Wohlstand. Es war also eine endlose Spirale, die dem Fürsten immer mehr Macht und Reichtum einbrachte. So erklären sich die prunkvollen Fürstengräber der Hallstattzeit – und sie wiederum erklären den Untergang der Fürstenkultur, denn ein Gutteil dessen, was man mit großer Kraftanstrengung der nicht immer freundlichen Natur abgerungen hatte, wurde in Form von Grabbeigaben vernichtet. Wenn man bedenkt, unter welch harten Umständen die Menschen zu jener Zeit arbeiten mussten, kann man verstehen, dass es den Kelten nicht möglich war, lange einen so aufwendigen

Bei einigen keltischen Stämmen war es Sitte, dass man Kinder zu Pflegeeltern gab. So wurden die Verbindungen zwischen den Familien gestärkt.

Lebensstil zu pflegen und einen so großen Teil des mühsam Erwirtschafteten einem Fürsten als Grabbeigabe zu opfern.

Die Vermutung, dass es immer schwieriger wurde, sich diesen Luxus zu leisten, wird dadurch gestützt, dass sich die keltischen Siedlungsgebiete ab dem 5. Jahrhundert v. Chr. immer weiter ausdehnten – ein Hinweis darauf, dass sich die Kelten ständig auf der Suche nach neuem, fruchtbarem Land befanden, um ihr Überleben zu sichern. Doch letztlich galt es, den Fürstenkult abzuschaffen und neue Wege zu finden, die Gesellschaft zu organisieren. So gingen viele gallische Stämme dazu über, jährlich einen Vergobret zu wählen, eine Art Präsidenten. Doch nicht alle Kelten wagten so viel Demokratie: Die irischen Stämme blieben bei ihrem Königtum.

Grundsätzlich war die keltische Gesellschaft, zumindest in späterer Zeit, patriarchalisch aufgebaut – es herrschten also in der Regel die Männer. Dennoch genossen Frauen anfangs mehr Respekt und größere Freiheit als in anderen Kulturen jener Zeit, wie unter anderem die zahlreichen Abbildungen starker, charismatischer Göttinnen bezeugen. Auch die Schilderung einer keltischen Königin weist darauf hin: „Königin Boudicca war von sehr hohem Wuchs, von schrecklichem Aussehen, besaß einen durchdringenden Blick und eine raue Stimme und hatte helles Haar bis zu den Hüften." So jedenfalls lautet eine Beschreibung des Römers Dio Cassius. Wie viel Wahrheit darin steckt, können wir nur schwer beurteilen, und wir wissen auch nicht, ob die Frauen ebenso stattlich waren wie die Männer und es an Körperkraft mit ihnen aufnehmen konnten. Denkbar ist jedoch, dass die keltischen Frauen nicht weit hinter den Männern zurückstanden und mehr Rechte besaßen als die Frauen tausend Jahre nach ihnen.

Die Prunkgräber großer Fürstinnen legen nahe, dass eine keltische Frau in vorrömischer Zeit grundsätzlich ebenso viel Macht erlangen konnte wie ein gleichgestellter Mann. Es gab keltische Königinnen, Seherinnen, Druidinnen. Zumindest in der keltischen Frühzeit scheinen die Frauen in der Wahl ihrer Männer frei gewesen zu sein. Sie durften Güter besitzen und hatten, wie die Männer, das Recht, befristete außereheliche Liebschaften einzugehen. Antike Schriftsteller berichten über die Rolle der keltischen Frau als Streitschlichterin, aber auch über ihre Neigung, sich an handgreiflichen Auseinandersetzungen zu beteiligen. Im Lauf der Zeit erstarkte jedoch das Patriarchat: Offenbar führte der wachsende römische Einfluss dazu, dass die Männer mehr Macht über ihre Frauen ausübten, ihnen das Recht absprachen, als Zeugin vor Gericht aufzutreten, und ihnen Beschränkungen auferlegten, was das Vererben ihres Besitzes betraf. Auch die Ehen wurden nun von männlichen Verwandten der Braut arrangiert und Frauen waren nicht vertragsfähig. Damit waren die starken Frauen, die uns die keltischen Mythen als wilde Kriegerinnen und mächtige Königinnen vorführen, der Männergesellschaft unterworfen.

Die um die Eichen wissen

Geheimnisumwittert erscheinen uns heute die Druiden. In weißen Gewändern sehen wir sie im Nebel Steinkreise durchschreiten, blutige Opfer darbringen und rätselhafte Segenssprüche murmeln. Doch das ist nur ein Teil der Wahrheit: Die Druiden waren nicht nur die keltischen Priester, die mysteriöse Rituale vollzogen. Als Angehörige der Oberschicht waren sie zunächst einmal eine privilegierte Gruppe, die von Abgaben und Kriegsdienst befreit war. Aufgrund von derlei Vergünstigungen war der Beruf des Druiden äußerst begehrt, zumal er auch mit einem erheblichen Einfluss verbunden war. Letztlich waren die Druiden mächtiger als die keltischen Könige, denn der König hatte sich nach der Entscheidung des Druiden zu richten. Das spiegelt sich in der keltischen Mythologie, wo der große Druide und Zauberer Merlin als Lehrer und Berater von König Artus auftritt.

Es ist umstritten, woher das Wort „Druide“ stammt, es könnte aber so viel wie „Eichenkundiger“ bedeuten.

Der Weg zu so viel Macht war allerdings lang und steinig: Ganze zwanzig Jahre konnte die Ausbildung dauern – kein Wunder bei dem umfänglichen Wissen, das nur mündlich weitergegeben wurde. Nicht nur magische Formeln oder religiöse Zeremonien musste ein Druide – oder eine Druidin, denn auch Frauen übten diesen Beruf aus – beherrschen, sondern auch die gesamte Stammesgeschichte. Er musste Recht sprechen können bei Streitigkeiten innerhalb des Stammes oder zwischen den Stämmen, bei Gewaltverbrechen oder Grenz- und Erbunklarheiten. Seine Entscheidungen waren dabei so maßgeblich, dass eine Missachtung zum Ausschluss von den religiösen Kulthandlungen – Taufe, Opferzeremonien, Bestattungen – führen konnte, was so ziemlich das Schlimmste war, was einem Kelten widerfahren konnte. Die Entscheidung des Druiden war endgültig, Strafe und Strafmaß wurden von ihm gesetzt. Zudem kannten sich die Druiden in Astronomie, Philosophie und Medizin aus, und viele junge Männer und Frauen wurden von ihnen zumindest in die Grundlagen dieser Disziplinen eingeweiht.

Einmal im Jahr fand in Gallien in der Nähe von Chartres ein großes Druidentreffen statt, wo man wichtige Erfahrungen austauschte. Sicher wurden hier auch neue Riten verbreitet.

Um die Fülle an Wissen behalten zu können, das einem Druiden in zwanzig Jahren vermittelt wurde, nutzte man einfache Versformen mit Wiederholungen. Auf diese Weise war es möglich, nicht nur das Wissen über Recht, Gesetz, Medizin oder Religion, sondern auch Mythen und Sagen über Jahrhunderte weiterzugeben, bis sie, etwa im Fall der irischen Sagen, im Frühmittelalter erstmals schriftlich festgehalten wurden.

Zu den zahlreichen Aufgaben eines Druiden gehörte aber natürlich auch der Götterkult. Über die Riten der Kelten ist indes wenig bekannt. Was wir antiken Quellen entnehmen können, ist, dass die Druiden bei günstigem Mond Misteln schnitten. Wuchsen sie auf Eichen, waren sie besonders begehrt. Wollte man sie ernten, führte man zwei Stiere zu einer ausgewählten Eiche. Ein weiß gewandeter Druide erkletterte den Baum und schnitt die Mistel mit einer goldenen Sichel, woraufhin sie in ein weißes Tuch fiel. Dann opferte man die Stiere den Göttern. Aus Irland sind zudem Taufriten überliefert: Der irische Begriff für die Säuglingstaufe lautet übersetzt „der schützende Regenkeil", und man vermutet, dass Neugeborene zur rituellen Reinigung in geweihte Flüsse getaucht wurden. Auch der Ritus des „Feuerlaufens" wird von antiken Schriftstellern erwähnt, wobei nicht deutlich wird, ob hier eine Art Fackellauf gemeint ist oder eine „Mutprobe", bei der jemand über glühende Kohlen gehen muss. Man kann davon ausgehen, dass jede Opferzeremonie die Gegenwart eines Druiden erforderte, denn nur er konnte entscheiden, welchem Gott auf welche Weise geopfert werden sollte. Unklar ist jedoch, ob der Druide die Opferhandlungen stets selbst durchführen musste oder ob er sie gelegentlich auch nur überwachte.

Wie archäologische Funde beweisen, etwa der Kalender von Coligny, besaßen die Kelten ein erstaunliches astronomisches Wissen und konnten die Zeit mit aus heutiger Sicht primitiven Mitteln sehr präzise bestimmen – dank der Weisheit der Druiden.

Hartnäckig hält sich das Klischee von der Grausamkeit der keltischen Religion. Dabei gibt es bis heute keine eindeutigen Beweise dafür, dass die Kelten Menschenopfer darbrachten. Zwar wurde das Druidentum und sein Glaube von den Römern verboten, doch dürfte der Grund dafür kaum dessen entsetzliche Grausamkeit gewesen sein – eher fürchteten die Römer die Macht der weisen Männer und mit Schauermärchen über ihre keltischen Feinde suchten sie, allen voran Julius Cäsar, die Eroberungsfeldzüge der Römer zu rechtfertigen. Auch gibt es Quellen, in denen die Druiden als Gelehrte und Philosophen geschildert werden, nicht als die blutrünstigen Schlächter, wie römische Historiker sie beschreiben. Mit einiger Sicherheit handelt es sich bei diesen Darstellungen um Kriegshetze.

In der Regel waren es Tieropfer, die die Kelten darbrachten. So schildert eine mittelalterliche Quelle ein Ritual, das im alten Irland im Rahmen der Thronbesteigung eines Königs durchgeführt wurde: Damit das Land während seiner Regierungszeit fruchtbar blieb, musste der König das Fleisch einer rituell geschlachteten Stute essen und in einer Brühe, die aus den Knochen gekocht wurde, baden. Eine weitere Form, den Göttern zu opfern, war, wertvolle Gegenstände im Moor zu versenken.

Eine rituell geerntete Mistel galt als Gegengift gegen alle existierenden Gifte und sollte unfruchtbare Tiere fruchtbar machen.

Dass die Druiden so viel Macht besaßen und in der keltischen Gesellschaft einen so hohen Rang einnahmen, hat seinen Grund sicher nicht zuletzt in ihrem Wissen über den Kalender. Das Wohlergehen der Gemeinschaft lag in ihren Händen, wussten doch nur sie, wann der richtige Zeitpunkt für Saat und Ernte, Ein- und Austrieb der Tiere und die Eröffnung von Kriegen war. Dieser Kalender wurde nach Mondphasen berechnet. Das Jahr war in zwölf Lunarmonate unterteilt, wobei manche Monate dreißig, manche neunundzwanzig Tage hatten und letztere die ungünstigen waren. Die Monate selbst waren entsprechend den Mondphasen in eine dunkle und eine helle Hälfte unterteilt, mal fünfzehn und fünfzehn Tage, mal fünfzehn und vierzehn Tage lang. Das Jahr war in zwei Hälften gegliedert, wovon die erste am 1. Mai mit dem Fest Beltaine endete, die zweite am 1. November mit Samhain. Dann gab es noch zwei weitere Feste, nämlich Imbolc am 1. Februar und Lugnasad am 1. August.

Eine besondere Art der Machtausübung eines Druiden bestand darin, ein Tabu zu verhängen, in Irland *geis* genannt. Dieses *geis* untersagte es dem Betroffenen, eine bestimmte Speise zu sich zu nehmen oder ein bestimmtes Tier zu töten. Brach jemand sein Tabu, wurde er für vogelfrei erklärt und aus der Gemeinschaft ausgestoßen oder hingerichtet. Das berühmteste *geis* ist das des irischen Sagenhelden Cú Chulainn, dem der Druide Cathbad verbietet, Hundefleisch zu essen.

Sänger und Seher

Ein keltischer Fürst ohne Barde? Undenkbar. Ein Fest ohne Musik und Dichtkunst? Ganz gewiss nicht. Dem Barden, dem Mann, „der die Stimme erhebt", oblag es, Gastgeber und Gäste zu unterhalten, indem er seinen Herrn in den höchsten Tönen lobte, Verse und Gedichte vortrug und sich dabei mit einer Lyra, später einer Harfe, begleitete.

Auf einer Stufe zwischen Druide und Barde standen im mittelalterlichen Irland die Filid, die Seher. In ihren Händen lag es, die Sagen weiterzugeben, sie lernten die Geschichte ihres Stammes auswendig und sorgten dafür, dass sie von Generation zu Generation fortgetragen und erweitert wurde. Der größte Unterschied zu einem einfachen Barden bestand darin, dass die Verse eines Fili magisch sein und sowohl Schaden zufügen als auch töten konnten. Es war also tunlichst zu vermeiden, einen Fili gegen sich aufzubringen – es sei denn, man wollte als Kröte enden.

Barden wie auch später die Filid wurden in speziellen Schulen ausgebildet. Bis zum 6. nachchristlichen Jahrhundert war der Unterricht nicht ortsgebunden: Ein Lehrer sammelte eine Schülerschar um sich und zog mit ihr umher. Erst im Jahr 574 wurde in Irland angeordnet, jeder Schule einen festen Ort zuzuweisen. Und da auch die Barden wie die Druiden viel lernen mussten, konnte ihre Ausbildung um die zwölf Jahre in Anspruch nehmen. Den Stoff lernte man mündlich. Der Lehrer sang einige Verse und die Schüler wiederholten sie im Chor (daher bedeutete das altirische Wort für „lehren" eigentlich „durchsingen"). Was für eine Leistung ein Barde erbrin-

gen musste, lässt sich daran ermessen, dass so manches Gedicht um die tausend Zeilen und mehr umfasste. Und es gab viele Gedichte zu lernen!

Hatte ein Barde seine Ausbildung abgeschlossen, ging er auf Reisen und suchte sich einen Herrn. Meistens trug er seine Lyra mit sich, aber auf Situlen kann man auch Musiker mit Panflöte und Hornpfeifen in Metall verewigt sehen. Bei Ausgrabungen fand man zahlreiche verschiedenartige Instrumente, darunter Knochenflöten und Pfeifen, Hörner aus Ton, Bronze und natürlich aus Horn, ferner Schellen, Rasseln und Glöckchen sowie Trommeln, und es gibt Darstellungen von Saiteninstrumenten verschiedenster Art.

Leider sind aus der Antike keine Überlieferungen erhalten, die uns einen Eindruck vermitteln könnten, wie sich die keltische Musik und die dazugehörigen Verse angehört haben. Auch wenn die Bardenschulen in Irland bis ins 17. Jahrhundert existierten, so hat sich die Lieddichtung im Lauf der Jahrhunderte sehr stark verändert. Legt man aber die irische Harfenmusik des Mittelalters zugrunde, von der wir etwas mehr wissen, so muss die keltische Musik von vor zweitausend Jahren sehr schnell und kraftvoll gewesen sein, mit ausgeklügelten Kompositionen und Finessen, so wie fast alles, was die Kelten kulturell erschufen. Was die Verse angeht, so wurde wohl aus einer sehr lebendigen, kunstvollen mit der Zeit eine komplizierte, etwas steifere Art der Dichtung, etwa als man im 12. Jahrhundert, während der Blüte der irischen Bardenschulen, Reime und Stabreime einführte.

Bei Situlen handelt es sich um einen Gefäßtyp aus Metall, der mit getriebenen Reliefs verziert ist, wie z. B. der Kessel von Gundestrup.

Da die Kelten selbst nichts schriftlich festhielten, wurden ihre Sagen erst ab dem frühen Mittelalter aufgeschrieben. Allerdings taten dies christliche Mönche und somit fiel wohl einiges dem Rotstift zum Opfer oder wurde der christlichen Lehre angepasst. Trotzdem vermitteln diese alten Mythen und Sagen noch immer einen guten Eindruck von dem, was damals in langen Winternächten die Menschen bei Laune hielt.

In Irland findet man noch heute Geschichtenerzähler, die sich bemühen, die alte keltische Tradition zu erhalten. Es heißt, dass ein Fischer von der Insel Barra westlich von Schottland als Kind über einen Zeitraum von fünfzehn Jahren einem irischen Geschichtenerzähler lauschte, der sich in der ganzen Zeit kein einziges Mal wiederholte. Man kann sich vorstellen, wie unermesslich reich der keltische Sagenschatz gewesen sein muss. Würde man sich da nicht selbst manchmal einen solchen Geschichtenerzähler ins Haus wünschen?

Kleider machen Leute: Stoffe und Webtechnik

Schon lange vor den Kelten war in Europa das Spinnen und Färben von Wolle bekannt. Zwar wurden die Stoffe meist ungefärbt und ohne großen Zierrat getragen, ganz einfach, weil es Alltagskleidung war, die sehr stark beansprucht wurde und daher nicht allzu lange hielt, sodass eine aufwendige Verarbeitung eine reine Verschwendung gewesen wäre, doch gab es auch schöne, leuchtende, farbenprächtige Stoffe in Rot, Blau, Grün und Gelb sowie in Braun, in Mischtönen und in Schwarz – für jeden Geschmack war etwas dabei. Und wollte man es richtig bunt, dann gab es verschiedenste Arten von zum Teil sehr komplizierten Mustern, darunter den berühmten Karostoff, dessen Erfindung man den Kelten nachsagt und der ein Vorläufer der schottischen Tartans war, die noch heute bei den Kilts Verwendung finden.

Die Schafschur war den Kelten unbekannt. Vermutlich zupften sie einfach die losen Haare aus dem Fell ihrer Schafe, um die Wolle weiterzuverarbeiten.

Allerdings durfte nicht jeder Kelte bei der Wahl des Stoffs seinem Geschmack freien Lauf lassen: Am Stoff der Kleidung konnte und sollte man die gesellschaftliche Stellung des Trägers erkennen. Je aufwendiger und bunter er war, desto reicher war sein Besitzer. Bei den schottischen Kaledoniern trug ein König bis zu sieben Farben in seinem Gewand, ein Druide durfte sechs, gewöhnliche Edelleute immerhin vier Farben verwenden. Doch dominierten höchstwahrscheinlich Braun-, Grün- und Blautöne, letztere die Lieblingsfarbe der Britannier, die sich auch gern mit blauer Farbe schminkten.

Die Kelten trugen Lederschuhe – einfache Lederstreifen, die man sich um die Füße wickelte –, Lederstiefel oder Holzschuhe. Alle Varianten konnten reich verziert und mit Zierblechen versehen sein.

Ein besonders prächtiges Gewand trug der Fürst von Hochdorf: Man hatte ihn in seinem kostbaren Mantel bestattet, der mit Farbe, die aus Schildläusen – eigens aus dem Mittelmeerraum eingeführt! – gewonnen wurde, purpurrot gefärbt war. Da Textilien zu jener Zeit von sehr hohem Wert waren, zeugt es einmal mehr von der gehobenen gesellschaftlichen Stellung des Fürsten und dem Ausmaß des keltischen Fürstenkults, dass man ihm nicht nur diesen überaus teuren Mantel mit ins Grab gegeben hatte, sondern zudem noch die Wände der Grabkammer mit Tüchern ausgekleidet und viele Grabbeigaben in Stoffe eingeschlagen waren. Die Kline, die bronzene Liege, auf der man den Toten aufgebahrt hatte, war mit Gewebe aus Hanfbast und Dachshaar gepolstert.

Ihre berühmten Wollstoffe fertigten die Kelten auf Gewichtswebstühlen, für die man eigene Häuser baute. Nur Frauen beherrschten dieses Handwerk, und zwar so perfekt,

Beim Haupthaar galt die Devise: je länger, desto besser. Wie die Frauen flochten auch die Männer ihre Haare gern zu Zöpfen. Einer Legende zufolge mussten die Fianna, die Krieger Irlands, mit fein geflochtenen Zöpfen durch einen Wald laufen, ohne dass die Frisur dabei Schaden nahm.

dass selbst Römer und Griechen neidisch auf die Farbenpracht und Finesse der keltischen Stoffe blickten. Wenn man den kräftigen Wollstoff filzte, ließ er sich gut zu sehr wasserdichten Mänteln verarbeiten. Machte man diesen Filz sehr dick und bearbeitete man ihn am Ende noch mit Essig, konnte er so fest werden, dass er gegen Feuer und Schwertschläge schützte. Borten und Bänder entstanden auf einem Miniaturwebstuhl mittels Brettchenweberei. Dafür wurden kleine Bronzebrettchen in die senkrechten Fäden, die Kettfäden, eingebunden. Wenn man diese Brettchen drehte, verzwirbelten sich die senkrechten mit den waagerechten Fäden und es entstand ein sehr stabiles, starkes Gewebe, das hervorragend für Gürtel, Hosenträger und sogar als Geschirr für Zugtiere geeignet war. Der griechische Geschichtsschreiber Strabon berichtet, jeder junge Kelte habe einen Gürtel von einem festgelegten Umfang getragen. Wenn ihm dieser Gürtel nicht mehr passte, weil er dem Schweinebraten zu unmäßig zugesprochen hatte, wurde er bestraft. Offenbar achteten die Kelten nicht nur auf ihre Kleidung, sondern auch auf ihren Körper. Armer Obelix …

Frauenkleider

Die keltischen Frauen trugen sowohl die Tunika als auch, häufig darüber, den Peplos, ein ärmelloses Übergewand. Wahrscheinlich schneiderte man auch Röcke und passende Blusen. Dazu trug man meist eine Gürtelkette, die den Rock oder den Peplos in der Taille zusammenhielt.

Die Haare der keltischen Frauen waren in der Regel lang. Sie wurden offen getragen oder auch zu Zöpfen geflochten, die mehr oder weniger aufwendig am Kopf drapiert sein konnten. Als Schmuck gab es Stirnreifen oder eingeflochtene Perlen.

Zum Schutz gegen Kälte hatte man die Wahl zwischen Mantel und Umhang, als Kopfbedeckungen gab es Mützen aus Fell oder Lederkappen. Die Stoffe der Kleider waren aus Schurwolle oder Leinen gewebt, einfarbig, gestreift, kariert oder mit Verzierungen versehen. Leider haben nur wenige Textilien die Jahrhunderte überstanden, sodass man letztlich nur vermuten kann, welche Art Gewänder getragen wurden.

Wie in vielen Kulturen war auch für die keltischen Männer die Haarpracht als Zeichen der gesellschaftlichen Stellung sehr wichtig. Während ein Bauer oft nur einen kleinen Schnauzbart trug, konnte die Bartpracht der höhergestellten Krieger und Fürsten beachtliche Ausmaße annehmen. Die Schnurrbärte fielen oft weit über den Mund hinab.

Männergewänder

Wichtigstes Kleidungsstück der Männer war die Tunika. Sie reichte bis zu den Knien und war, um größere Bewegungsfreiheit zu gewährleisten, seitlich geschlitzt. Auf vielen Darstellungen ist sie ärmellos, man kann aber davon ausgehen, dass es auch lange Ärmel gab. Je reicher der Mann, desto feiner war der Stoff und desto mehr Verzierungen schmückten die Kleidung, meistens am unteren Saum oder an den Ärmeln. Zur Tunika trug man die Bracae, eine weite Hose, die den Griechen und Römern unbekannt war und deren Erfindung den Kelten zugeschrieben wird. Man band sie in der Taille und an den Füßen zusammen, wobei sie oft bis zu den Knien mit Bändern umwickelt wurde.

Gürtel gab es aus Leder oder gewebtem Stoff, mal als einfache Schnüre für die weniger Begüterten, mal für die Reichen mit runden Anhängern geschmückt oder mit kästchenförmigen Beschlägen versehen, die prächtige Gravuren oder Punzierungen aufwiesen.

Über allem trug man an kalten Tagen den Sagum, einen Mantel, der manchmal noch eine Kapuze besaß. Er bestand aus einem rechteckigen Stück Stoff, dessen Enden auf der rechten Schulter von einer Fibel, einer Gewandspange, zusammengehalten wurden. Über den Schultern wurde der Sagum doppelt gelegt, um besseren Schutz vor Regen zu bieten.

Schmückendes Beiwerk

Kunstvolle Schlingen, wilde Fratzen, Eberköpfe mit langen Hauern, prächtige Pferde und anmutige Schwäne – die keltische Fibelkunst ist ebenso legendär wie vieles, was sie darstellt, und sie zeichnet sich, zumindest in späterer Zeit, durch große Vielfalt aus.

Den Kelten war ihr Schmuck sehr wichtig, denn er diente eben nicht nur der Zierde, sondern er war es auch, der den jeweiligen Rang innerhalb der Gesellschaft am eindrucksvollsten widerspiegelte. Je schöner der Schmuck war, den ein Kelte trug, und je größer die Menge, die er besaß, desto mehr hatte er im Leben erreicht.

Einfache Bauern besaßen oft nur schlichte Fibeln, mit denen sie ihre Mäntel über der Schulter befestigten. Bei den Frauen hielten Fibeln die Stoffbahnen über der Tunika zusammen. Sie waren eine verbesserte Version der Gewandnadel, da ihnen der Stoff nicht mehr entgleiten konnte. Man kann sie mit aufwendigen Sicherheitsnadeln vergleichen. Über die Jahrhunderte veränderten sich diese Fibeln stark. Die schlichteren Versionen wurden bald von sogenannten Maskenfibeln abgelöst, die mit stilisierten Menschenköpfen versehen waren. Andere wiederum verzierte man mit Darstellungen von Pferden oder Vögeln.

Den Höhepunkt der Fibelkunst aber stellten die Figuralfibeln dar, die in der frühen La-Tène-Zeit entstanden. Es ist faszinierend, wie präzise und fantasievoll Menschen und Fabelwesen in Gold oder Bronze herausgearbeitet wurden. Wie rau die Kultur der Kelten auch immer gewesen sein mag, ihre Kunst hätte filigraner, anmutiger und beeindruckender nicht sein können, zumal wenn man die technischen Möglichkeiten der damaligen Zeit bedenkt.

Später verschwanden Tiere, Fabelwesen

und Menschen aus der Fibelkunst und machten abstrakten, dekorativen Formen und Mustern Platz. Gefertigt waren diese Fibeln zu großen Teilen aus Gold oder Bronze, sehr selten auch aus Silber oder Eisen. Anhand der Fibeln, die über die Jahrhunderte immer wieder ihr Gesicht veränderten, lassen sich heute sehr gut Gräber datieren. Weiß man, zu welcher Zeit eine bestimmte Fibelmode aktuell war, so kann man das entsprechende Grab bis auf wenige Jahrzehnte genau zeitlich einordnen.

Ein Torques ist ein oftmals gedrehter, offener Halsreif mit Puffenden, die meist die Form von Tierköpfen haben. Die Bezeichnung kommt von lateinisch *torquere* = drehen.

Neben den Fibeln darf man den Torques nicht vergessen, vielleicht *das* charakteristische Kennzeichen der Kelten schlechthin. Keine Darstellung eines Kelten ohne ihn, dabei trat er erst relativ spät in den Vordergrund. In der frühen La-Tène-Zeit noch vornehmlich von Frauen getragen, wie Grabfunde bis etwa 300 v. Chr. belegen, wurde er später ein Kennzeichen für Krieger und Stammesführer. Dieser Halsreif, der meistens aus Gold oder Bronze bestand, besaß für die Kelten magische Kräfte. Sie glaubten so sehr an seinen Schutz, dass sie sich nicht selten nackt in die Schlacht stürzten und nur den Torques um ihren Hals trugen. Sie vertrauten felsenfest darauf, dass er sie schützen würde. Nichts konnte sie von ihm trennen – nur der Tod.

Neben dem großen Halsreif gab es noch zahlreiche andere Arten von Schmuck, seien es Hals- oder Ohrringe, Arm- oder Fußspangen. Wobei Männer eher Arm-, Ohr- und Fingerringe trugen, Frauen zusätzlich noch Fußringe und selbstverständlich Ketten. Halsketten wurden in fast allen Formen und Farben hergestellt und aus so gut wie jedem Material, das man zur damaligen Zeit kannte. Bernstein oder Glas und auch Koralle waren sehr beliebt. Bernstein importierte man aus dem Norden, Glas stellte man in den Farben Gelb, Blau, Weiß und Grün aus den Bestandteilen Quarz, Soda und Kalk selbst her. Ihre Fibeln verzierten die Kelten zudem gern mit Emaille. Diese Technik übernahmen sie wahrscheinlich aus dem Osten und brachten sie zu spätkeltischer Zeit auf den britischen Inseln zum Blühen.

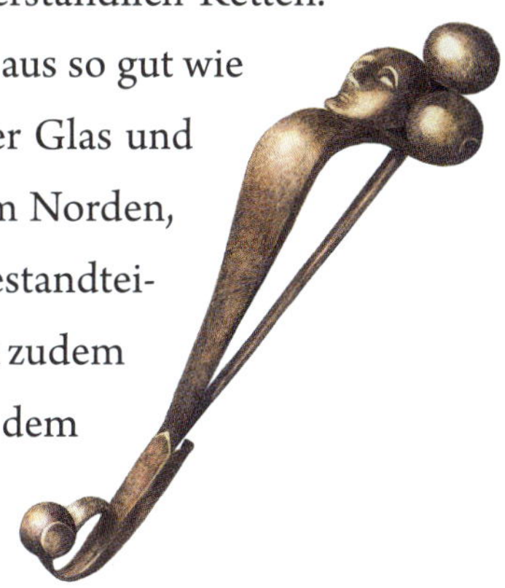

Wie Merlin den Knaben Artus erzog

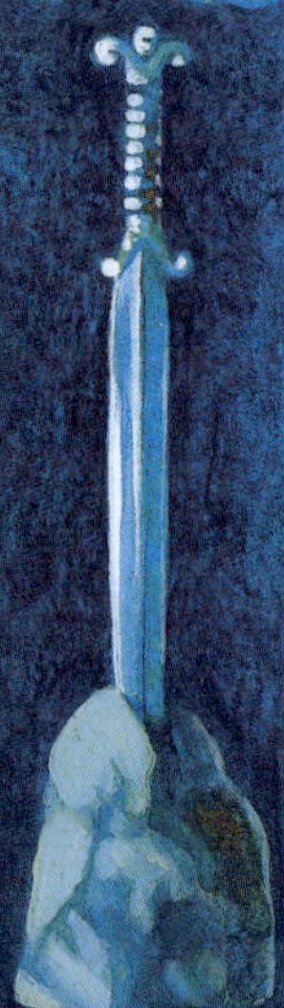

Es war die Zeit der Seerosen, ein heißer Tag im Sommer. Artus stand auf der Zugbrücke der Burg und träumte in den Wassergraben. „Ich wünschte, ich wäre ein Fisch", murmelte er vor sich hin. Er erschrak, als eine Stimme neben ihm fragte: „Was für ein Fisch?" Merlin, der berühmte Druide und Zauberer, hatte sich unbemerkt zu ihm gesellt. – „Ich weiß nicht", sagte Artus. „Ein Barsch, vielleicht. Die sind mutiger als die dümmlichen Rotaugen, aber nicht so blutrünstig wie die Hechte." – „Warum nicht?", sagte Merlin. „Es wird ohnehin Zeit, mit deiner Erziehung zu beginnen."

Artus hörte, wie Merlin magische Worte sprach, und im selben Augenblick stürzte er von der Brücke, die ihm jetzt auch viel, viel größer erschien, ebenso wie der Wassergraben, der ihn nun umgab. Schuppen überzogen seinen Körper, statt Armen und Beinen hatte er Flossen. Er war ein Fisch. „Merlin!", rief er nach oben. „Lass mich nicht allein!" – „Gut", sagte eine würdevolle Schleie neben ihm, „dieses eine Mal werde ich dich begleiten. Aber in Zukunft wirst du deine Erfahrungen ohne meinen Beistand machen müssen. Du musst lernen, dich auf dich selbst zu verlassen."

Das war sicher ein guter Rat, doch für den Augenblick war Artus dankbar, dass Merlin ihm zur Seite stand, nein, schwamm. Denn noch wusste er nicht, wie er sich mit seinem neuen Körper bewegen sollte, wusste nicht einmal, was Bauch, was Rücken und was Flanke war, und so schoss er geradewegs abwärts in den Schlamm, als er versuchte, vorwärtszuschwimmen.

„Mit deinen Füßen steuerst du nach rechts und links", sagte die Schleie geduldig. „Und mit deinen Brustflossen hältst du dich gerade. Du bewegst dich jetzt in zwei Ebenen, nicht nur in einer."

Es dauerte eine kleine Weile, dann hatte Artus ein Gefühl dafür bekommen, ein Fisch zu sein, und er genoss es, an Merlins Seite durch den Burggraben zu schwimmen. Es war eine andere Welt, die sich ihm auftat: Der Himmel über ihm, jenseits des Wassers, erschien kreisrund, unter ihm sah er das Gleiche noch einmal gespiegelt. Pflanzen, die am

Ufer wuchsen, sah er in den Farben des Regenbogens und jeden Baum und jeden Strauch gleich bis zu sieben Mal. Wunderbar war auch die Leichtigkeit, mit der er sich bewegte – kein mühsames, niedergedrücktes Gehen, sondern ein gewichtsloses, sanftes Schweben. Wie kräftezehrend, ein Mensch zu sein!

Leider entschied Merlin alsbald, dass Artus seinen menschlichen Körper wieder anzunehmen habe. Doch schon nach einigen Wochen war es Zeit für die nächste Lektion. Diesmal beschloss Artus, eine Ameise zu werden. Zwar hatte Merlin ihn gewarnt, das sei gefährlich, aber die Vorstellung reizte Artus sehr, und so erfüllte ihm Merlin schließlich den Wunsch.

Schon bewegte er sich durch finstere Gänge im Erdinnern. Diesmal war er auf sich gestellt, ohne Merlins Begleitung. Als er sich, vorsichtig mit seinen Fühlern tastend, einem festungsähnlichen Gebilde näherte, empfing er eine stumme Botschaft: Alles, was nicht Pflicht ist, ist verboten. Artus begann, seinen Wunsch zu bereuen, aber nun wollte er die Gelegenheit nutzen und das Leben einer Ameise besser verstehen. Jetzt erst bemerkte er, dass er mit seinen Fühlern nicht nur tasten konnte: Sie ließen ihn auch etwas anderes wahrnehmen, eine Art gleichförmige Musik. Sie war rhythmisch wie ein Pulsschlag, dabei aber nicht angenehm, sondern fast bedrohlich. Auch sie schien eine Botschaft zu enthalten: nicht denken, nur gehorchen. Artus empfand tiefes Unbehagen. Das wurde nicht besser, als er eine andere Ameise traf. Als er sie etwas fragen wollte, entdeckte er, dass ihm die Worte fehlten – alles, was er noch sagen konnte, war „erledigt" oder „nicht erledigt". Ihm graute zunehmend vor dieser Welt, und nachdem er Zeuge geworden war, wie sich die Ameisen dieses Nests rüsteten, um gegen das Nachbarnest in einen blutigen Krieg zu ziehen, wollte er nur noch fort aus dieser stumpfsinnigen Welt unter der Erde. Er war heilfroh, als Merlin ihn endlich zurückzauberte, und es dauerte einige Zeit, bis er zu einer neuen Verwandlung bereit war.

Diesmal war es Merlin, der ein Tier aussuchte, in das sich Artus hineinversetzen sollte. Und so kam es, dass eines Nachts eine Eule in Artus' Zimmer erschien und ihn einlud, mit ihr einen Ausflug zu unternehmen. Schwankend saß Artus auf dem Fenstersims und flatterte mit den Flügeln. Dann kippte er nach vorn und fiel. Der Burggraben raste auf ihn zu, hastig schlug er mit den Flügeln, und der Burggraben entfernte sich wieder. Seltsam, wie sich die Erde mal von ihm weg, dann wieder auf ihn zu bewegte. „Nicht doch", sagte die Eule neben ihm. „Du fliegst wie ein lächerlicher Specht. Du darfst nicht mit dem nächsten Flügelschlag warten, bis du schon fast den Boden berührst. Beweg die Flügel nur gleichmäßig auf und ab. Dann ist es ganz einfach."

Tatsächlich, so war es. Sobald er gleichmäßig mit den Flügeln schlug, glitt die Erde unter ihm dahin. Er konnte gut sehen, obwohl es Nacht war, und er spürte, wie die Luft über den Wäldern wärmer war als über den Weideflächen und Feldern. Es war ein herrliches Gefühl, doch bald wurde Artus müde, und die Eule erklärte ihm, wie er landen sollte: Er musste einen Ast ansteuern, sich etwas unter ihn sacken lassen, dann wieder aufschwingen und schließlich mit den Füßen den Ast umfassen. Das gelang recht ordentlich. Während sie ruhten, erzählte ihm die Eule noch sehr viel über das Fliegen. Artus merkte es sich gut. „Und nun", schloss die Eule, „wirst du eine Wildgans sein."

Um Artus herum war das Land völlig flach. Schatten umgaben ihn. Ein steter Wind wehte. Und da war ein raues Rauschen, ein Stück weit entfernt: das Meer. Als es Tag wurde, nahmen die Schatten Gestalt an. Die meisten Gänse hatten ihre Köpfe noch schlafend unter die Schwingen geschoben, doch einige erwachten nun und begannen, leise miteinander zu schnattern. Noch vor Sonnenaufgang machten sie sich bereit zum Abflug. Es war ein sehr großer Schwarm, Artus vermochte nicht zu schätzen, wie viele Tiere es waren. Nun bildeten sie kleine Gruppen, Familien wahrscheinlich, und eine nach der anderen erhob sich in die Luft. Atemlos sah Artus zu, wie die anmutigen Tiere die weiße Brust und den schwarzen Hals in den Wind reckten, die grauen Schwingen spreizten und in die Höhe stiegen. Bald ließ die Morgensonne die hellen Bäuche golden leuchten.

Artus wurde unruhig. Er wollte sich auch zum Himmel erheben, aber er gehörte zu keiner der Gruppen – würden ihn die Wildgänse mitfliegen lassen? Der nächsten Gruppe schloss er sich an, und niemand wehrte es ihm. Sogar der schneidende Wind erstarb, kaum dass die Gruppe in der Luft war. Hier gab es nur noch Frieden und Freiheit, im Flug der Morgensonne entgegen, über alle Grenzen hinweg, Meer und Strand unter ihnen. Es duftete nach Salz und Tang.

Lange blieb Artus bei den Wildgänsen. Nach seiner Rückkehr in die Welt der Menschen nahm Merlin ihn beiseite. „Ich glaube, die Zeit ist reif", sagte er. „Du hast sehr viel gelernt von den Tieren, vor allem von den Gänsen. Ich denke, dass du die Prüfung bestehst." – „Welche Prüfung?", fragte Artus erstaunt. – „Du wirst schon sehen", sagte Merlin. „Wir begleiten Cei zum Turnier nach Londinium. Dort wird es sich zeigen."

Und so geschah es auch. Cei war Artus' Stiefbruder, und er würde in Londinium sein erstes Turnier bestreiten. Artus sollte ihm als Knappe dienen. Doch Cei unterlief ein Missgeschick: Kurz vor dem Turnierplatz bemerkte er, dass er sein Schwert in der Herberge vergessen hatte. Da schickte er seinen Knappen, Artus, noch einmal zurück, damit er es hole. Die Herberge aber war schon geschlossen, denn alle wollten zu dem Turnier. Artus wusste nicht, was er tun sollte. Verzweifelt irrte er umher, suchte in den menschenleeren Gassen, ohne genau zu wissen, was er zu finden hoffte. So gelangte er in einen kleinen Kirchhof. Da fiel sein Blick auf einen prächtigen, schwarz glänzenden Stein. Darin steckte, seltsamerweise, ein Schwert. Ein wunderschönes, ganz neues, kunstvoll geschmiedetes Schwert. Leider schien es sehr, sehr fest in dem schwarzen Stein zu stecken. Sonst hätte es bestimmt schon jemand an sich genommen, denn es war nicht bewacht, und es war ein außergewöhnlich gutes Schwert. In seiner Not beschloss Artus, sein Glück zu versuchen, wenngleich er nicht glaubte, dass er das Schwert herausziehen könnte. Zögernd trat er an den Stein heran, umfasste den Schwertgriff und zog ein wenig. Plötzlich war es ihm, als seien seine Sinne geschärft; er hörte Stimmen und Musik und ein helles Licht umgab ihn. Dann glaubte er, die Stimmen zu erkennen: Beweg dich aus dem Rücken heraus, als würdest du schwimmen wie ein Fisch, sagte die eine. Eine andere riet ihm, gleichmäßig zu ziehen, wie ein Vogel, der mit den Flügeln schlägt. Und als er sich an all das erinnerte, was er gelernt hatte, von den Tieren und von Merlin, gelang es ihm, das Schwert zu befreien. Niemandem sonst war das gelungen, und auch als andere versuchten, es ihm gleichzutun, scheiterten sie kläglich. Denn das Schwert war Excalibur, das Schwert des rechtmäßigen Königs der Britannier. Und dieser König sollte Artus sein, der die Tiere und Menschen seines Reiches verstand.

SO LEBTEN DIE KELTEN

Das keltische Dorf

Gar nicht so einfach, den typischen Baustil der Kelten darzustellen: Wie in fast allen anderen Bereichen der keltischen Kultur gab es auch hier erhebliche regionale Unterschiede. Je nachdem, welcher Baustoff gerade zur Verfügung stand oder sich am besten eignete, errichtete man winzige Hütten ganz aus Stein oder geräumige, reetgedeckte Hallenbauten.

Zur Hallstattzeit existierten vor allem kleinere Stammessiedlungen und die sogenannten Fürstensitze. Letztere waren – trotz des Namens – nicht unbedingt von Fürsten bewohnt, es handelte sich wahrscheinlich um gut befestigte Wohnsitze des Stammesadels. Erst in der späten La-Tène-Zeit, etwa im 1. Jahrhundert v. Chr., als die Bevölkerung stärker anwuchs und die Entwicklung schnell voranschritt, entwickelten sich die ersten stadtähnlichen Siedlungsformen. Am häufigsten traf man jedoch auf kleine Weiler, Gruppen einfacher, meist einräumiger Häuser, die zu einem Stamm gehörten und um die herum

die bestellten Felder lagen. Die solide gebauten Häuser boten einer Großfamilie Platz und waren meist rechteckig, auf den britischen Inseln gelegentlich auch rund. Je nach Reichtum und sozialer Stellung der Bewohner konnte so ein Haus ein kleines Pfostenhaus oder ein prunkvolles, festhallenähnliches Langhaus sein.

Pfostenhäuser waren die typischen nord- und mitteleuropäischen Häuser der Frühgeschichte. Sie ähnelten den heutigen Fachwerkhäusern, hatten allerdings nur eine beschränkte Lebensdauer von etwa zwanzig bis dreißig Jahren, da man die stützenden Balken bis zu einem Meter tief in die Erde trieb und sie dort durch die Bodenfeuchtigkeit mit der Zeit faulten. Die Zwischenräume der Pfosten füllte man mit einem Geflecht aus Haselnuss- und Weidenhölzern, worauf dann mehrere Schichten Lehm kamen, den man mit Stroh und Sand vermischt hatte. Um das Gebäude vor Regen zu schützen, wurde der getrocknete Lehm mit Kalk bestrichen und das Dach des Hauses mit Reet gedeckt.

Eine andere Variante war das Grubenhaus, das als Lagerraum diente. Es hatte keine Wände, das Dach reichte bis zum Boden. In die Erde wurde eine Vertiefung gegraben und in dieser Kuhle lagerte man Lebensmittel, die hier wunderbar kühl blieben. Wollte man die Ernte zusätzlich vor Ratten und Mäusen schützen, baute man Pfostenhäuser auf Stelzen oder unterirdische Silos. In einem Dorf gab es also nicht nur Wohnhäuser, sondern auch Speicher und Handwerkshütten. Die meisten Gehöfte verfügten zudem über Backöfen aus Stein.

Jede Dorfgemeinschaft besaß ihren eigenen Schmied für alltägliche Gebrauchsgegenstände. In Webstuhlhäusern wurden Stoffe hergestellt, und man brannte Keramik. Viele dieser Werkstätten wurden allerdings später, zur Zeit der großen Oppida, ausgelagert. Auch gab es Dörfer, die vorwiegend von der Metallgewinnung und -verarbeitung lebten oder aber vom Salzbergbau.

Vom Dorf zum Oppidum

In Kriegszeiten waren kleinere Hügelfestungen der Anlaufpunkt für die umgebenden Dörfer. Hier suchten die Menschen hinter Erdwällen und Palisadenzäunen Schutz vor Angreifern. Dass zwischen 1000 und 500 v. Chr. viele Festungen entstanden, lässt auf Spannungen innerhalb der Bevölkerung schließen: Immer mehr Menschen mussten versorgt werden, die Stämme stießen bei ihren Wanderungen aufeinander und bekriegten sich.

Etwa im 5. Jahrhundert v. Chr. wurden die Festungen verlassen. Man vermutet, dass sich die Lage entspannte und es zu größeren Wanderungen in ferne Gebiete kam, wodurch die Kämpfe in der Heimat abflauten. Nur in Britannien baute man weiter Festungen, und so sind hier auch heute noch sehr schöne Beispiele erhalten, wenngleich nur ihre Erdwälle für die Nachwelt sichtbar blieben.

Mit dem Begriff *oppidum* bezeichneten die Römer eine kleinere Stadt. Oppidum lässt sich auch mit „Schanze" oder „Befestigungsanlage" übersetzen.

Schließlich entwickelten sich die ersten stadtähnlichen Siedlungen der Kelten: die Oppida. Während die Hügelfestungen oft nur in Krisenzeiten bewohnt gewesen waren, kann man die keltischen Oppida als richtige Städte betrachten, da sie dauerhaft Bewohner beherbergten, teilweise fünftausend oder gar zehntausend Menschen, wie

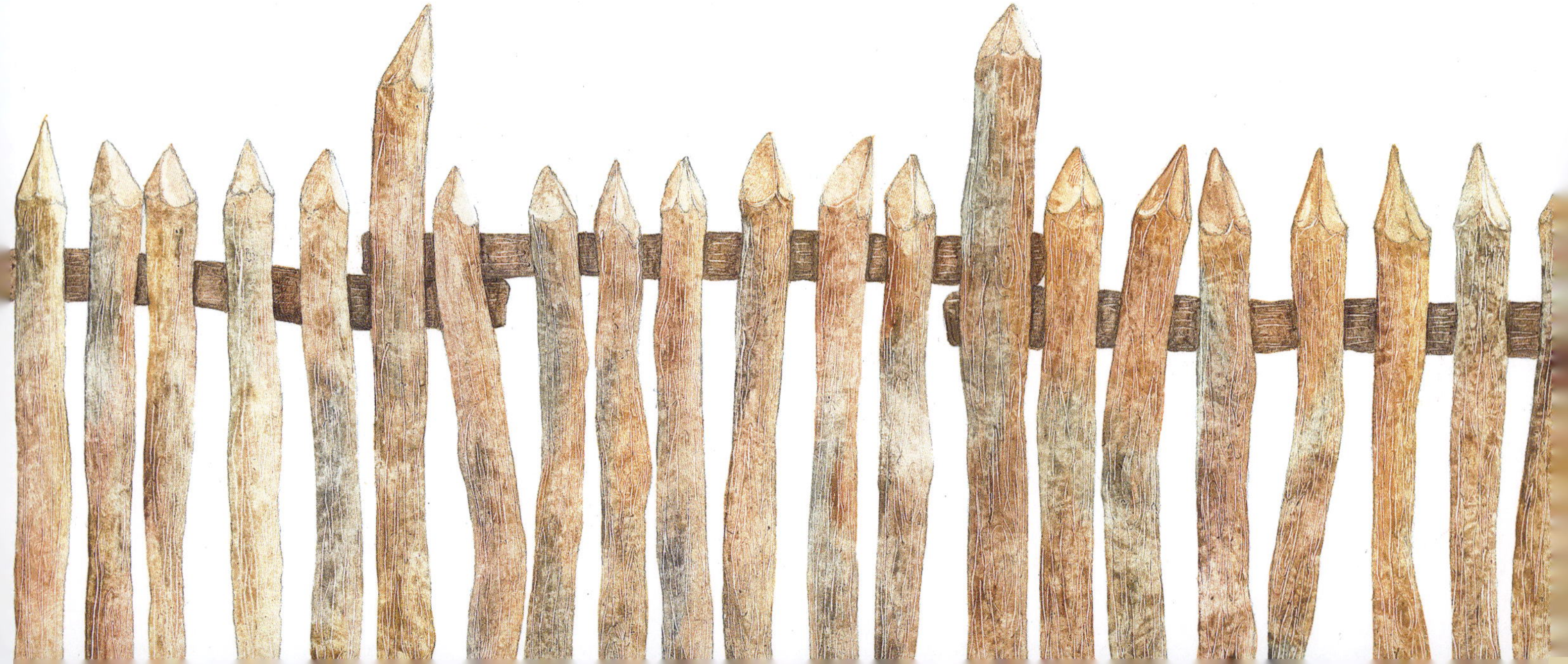

im Fall des Oppidum Manching in Oberbayern. Ein Oppidum hatte also keine reine Wehrfunktion: Man fand dort auch, wie in heutigen Städten, Märkte für Tausch und Handel und Gewerbetreibende, etwa die berühmten keltischen Schmiede und Töpfer. Das Oppidum kümmerte sich um die Belange der umliegenden Dörfer und war zudem religiöses Zentrum.

Die Heuneburg ist eine keltische Festung, ein sog. Fürstensitz, aus dem 6. Jh. v. Chr. Sie besitzt eine Mauer aus Lehmziegeln, in dieser Art einzigartig im Raum nördlich der Alpen. In ihrer Nähe befinden sich, typisch für die Hallstattzeit, Fürstengräber.

Befestigt waren die Oppida meist mit einer „gallischen Mauer", dem Murus Gallicus, oder einer Pfostenschlitzmauer. Beide Mauern gelten als typisch keltische Erfindungen. Sie bestanden aus Holzbalken, die quer und längs geschichtet und dann mit Steinen verfüllt wurden. Nach außen hin gab es eine solide Schicht Steine, die im Fall der Pfostenschlitzmauer immer wieder, jeweils nach einigen Metern, von Balken unterbrochen war. Diese Konstruktion war so stabil, dass sie Rammböcke abhielt und zusammen mit den Erdwällen den Bewohnern des Oppidums einen guten Schutz bot.

Wie groß so ein Oppidum werden konnte, zeigt das oben erwähnte Manching. Sein Wall war gut 7,2 Kilometer lang und umschloss eine Fläche von 380 Hektar Land. Es gab Straßen und in regelmäßigen Abständen angelegte Häuser. Dazu muss es eine blühende Keramikindustrie und Eisenverarbeitung gegeben haben. Auch Landwirtschaft wurde innerhalb der Mauern nachgewiesen. Das Oppidum von damals war mindestens genauso groß wie das Dorf Manching von heute.

Zu Gast bei den Kelten

Wurde man von einem Kelten zum Essen eingeladen, konnte man sich freuen: Die Kelten waren sehr gastfreundlich, das Wohl des Gastes und seine Bewirtung gingen über alles. Während des Essens saß man im Kreis auf dem Boden, gemütlich auf Wolfs- oder anderen Tierfellen, oder, wenn es daran mangelte, auf Heu und Stroh. Die Speisen standen auf niedrigen Tischen. Als Geschirr nutzte man Teller und Schalen aus Bronze und Steingut. Glas oder Metallbecher waren sehr selten und kostbar, weshalb man aus Rinderhörnern trank.

Zu essen gab es Fleisch, Brot und Gemüse. Den größten Teil der Nahrung machte Fleisch aus, wobei Schweinefleisch am beliebtesten war. Gemüse wurde gekocht, mit dem Fleisch gegrillt oder zu Eintöpfen verarbeitet. Außer Schweinefleisch aß man Rind, Lamm- und Ziegenfleisch, sehr selten auch Fleisch von Hunden und Pferden. Ab und zu gab es Wild, doch die Jagd war in der Regel der Oberschicht vorbehalten. War die Jagd erfolgreich, brachten die Jäger Rothirsch, Reh, Wildschwein, Feldhase oder Fisch mit nach Hause. Zubereitet wurde das Fleisch in einem Kessel, der über einer offenen Feuerstelle innerhalb des Hauses hing. Das Feuer unter ihm durfte niemals verlöschen, so wie auch der Inhalt niemals zur Neige gehen durfte, denn es galt, für mögliche Überraschungsgäste gewappnet zu sein. Wollte man das Fleisch nicht kochen, wurde es über Kohlenpfannen an kleinen Spießen gebraten.

Möhren und Rettich waren beliebte Gemüsesorten.

Kessel bestanden aus Bronze, Ton oder Eisen, je nachdem, wofür man sie brauchte und was eine Familie sich leisten konnte.

Dazu tranken die wohlhabenden Kelten Wein, den sie aus Italien oder aus der Gegend von Marseille einführten. Konnte man sich dieses teuer gehandelte Getränk nicht leisten, gab es Bier mit Honig, das Korma genannt und dem oft in rauen Mengen zugesprochen wurde. Die

Kelten tranken in kleinen Schlucken – dafür aber unablässig, betonten die griechischen und römischen Beobachter. Wollte man nüchtern bleiben, gab es Wasser, Kräutertees und Milch.

Die Kelten würzten ihre Speisen mit Steinsalz, das sie in ihren Bergwerken förderten.

Um jederzeit ihr Bier mit Honig süßen zu können, hielten die Kelten ihre eigenen Bienenvölker.

Feste waren für das keltische Miteinander unverzichtbar. Es war eine fürstliche Pflicht, den eigenen Gefolgsleuten gegenüber großzügig zu sein. Doch auch Gäste, die nicht einem keltischen Stamm angehörten, kamen in den Genuss dieser Gastfreundschaft. Manche fremdartigen Sitten mochten ihnen allerdings die Schweißperlen auf die Stirn treiben. So gab es bei den Kelten den Brauch, dass der tapferste Krieger das beste Stück Fleisch bekam. Nun herrschte jedoch nicht immer traute Einigkeit darüber, wer denn der erfolgreichste Kämpfer gewesen sei. Gab es zwei, die meinten, einen Anspruch auf die saftige Keule oder das zarte Bruststück zu haben, dann kam es nicht selten zum Kampf. Und wenn die beiden Recken schon reichlich dem Wein und Honigbier zugesprochen hatten, konnte der Streit sogar tödlich enden; es sei denn, die

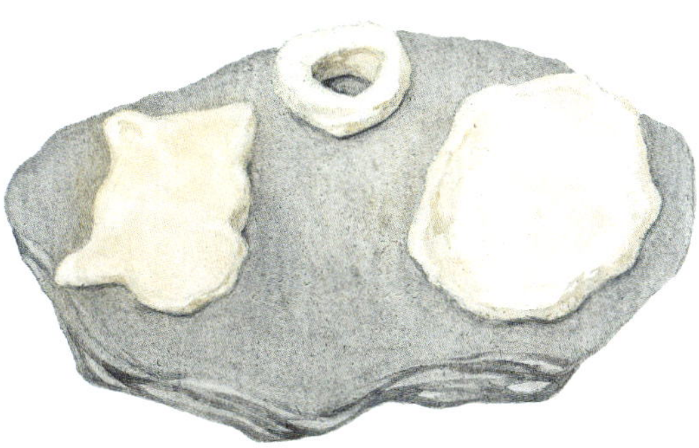

Das Brot wurde in Lehmöfen gebacken, manchmal auch einfach auf einer Steinplatte über einem kleinen Feuer.

Zechkumpane waren noch nüchtern genug, um rechtzeitig einzuschreiten und Schlimmeres zu verhindern.

Derlei Auseinandersetzungen konnte man mit einem Eintopf zuverlässig vorbeugen – welcher Mann schlägt sich schon um Wasser mit Erbsen? Wobei die Kelten durchaus wussten, wie man sich auch solch fleischlose Kost schmackhaft macht, denn sie besaßen Salz und eine Vielzahl anderer Gewürze.

Für Süßmäuler gab es Obst, vor allem Äpfel und Birnen. Pflaumen wurden aus dem Süden eingeführt und waren damit eine Delikatesse, die nur die Oberschicht genießen durfte. Doch gab es eine große Anzahl von Köstlichkeiten, die in den heimischen Wäldern wuchsen: Haselnüsse, Bucheckern, Waldhimbeeren und Walderdbeeren, Schlehen und Holunder. Sicher ließen sich daraus schon damals leckere Backwaren und Kompotte herstellen.

Die Früchte des Feldes

Während die Felder in vorkeltischer Zeit nur für wenige Jahrzehnte bebaut und dann wieder dem Wald überlassen worden waren, nutzte man sie von Beginn der Hallstattzeit an dauerhaft und hielt sie frei von Bäumen. In den folgenden Jahrhunderten musste immer mehr Wald neuen Feldern weichen. Dieser Wandel in der Landwirtschaft bedeutete, dass der Besitz von Land an Bedeutung gewann: Je mehr Land eine Familie besaß, desto höher war ihr gesellschaftlicher Rang und desto besser konnte sie leben.

Das Ackerland war schnell unter den Familien aufgeteilt und wurde von Generation zu Generation weitervererbt. Die Gehöfte, die sich weitgehend selbst versorgten, hatten eine ungefähre Größe von rund drei Kilometern Durchmesser und boten dem Besitzer und seiner Familie sowie deren Anhang – Lehnsbauern, Gefolgsleuten und freien und unfreien Arbeitern – Nahrung und Schutz.

Dinkel, Einkorn, Emmer, Gerste, Aegilopskörner (Wildweizen)

Dank des hölzernen Pflugs und der eisernen Pflugschar waren die keltischen Bauern in der Lage, eine Vielzahl von Getreide- und Gemüsesorten anzubauen. Zum Brotbacken eigneten sich sowohl Dinkel, eine mit dem Weizen verwandte Getreideart, als auch Emmer hervorragend. Letzterer gedieh sogar in kälteren Regionen prächtig und war innerhalb von drei Monaten erntereif. Dinkelmehl ist sehr schmackhaft und eiweißreich, weshalb es noch heute beliebt ist. Zudem bauten die Kelten Einkorn an, das später vom Weizen verdrängt wurde, aus dem sich aber ebenfalls Brot backen und sogar Bier brauen ließ und das sehr widerstandsfähig gegen Schädlinge war. Hauptsächlich war es jedoch die Gerste, aus der man das Bier herstellte – zum Brotbacken war sie wenig geeignet.

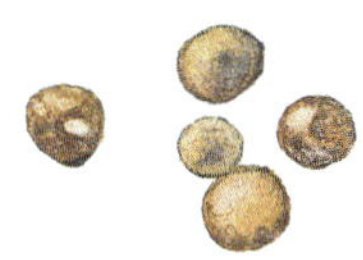

Neben diesen Getreidesorten wuchsen auf den keltischen Feldern Faserpflanzen wie Hanf und Flachs, außerdem Lein, aus dem man neben den Fasern noch Öl gewinnen konnte (wenngleich die Kelten eindeutig Butter bevorzugten). Hafer und Hirse waren in erster Linie für die Tiere gedacht. Im Norden Britanniens, also in Schottland, war Hafer allerdings auch ein beliebtes Nahrungsmittel für die Menschen. Dann gab es natürlich Erbsen, Linsen und Ackerbohnen, die einen großen Teil der Ernährung abdeckten. Auch den Schlafmohn und seine Wirkung kannte man damals schon. Er war nicht nur Nahrungsmittel, sondern lieferte zudem Öl oder fand als Heilmittel Gebrauch. Färberwaid diente zur Blaufärbung der Kleidung – und bei den Britanniern der Kriegsbemalung.

Ackerbohne, im Volksmund auch Dicke Bohne genannt. Auf den britischen Inseln heißt sie *celtic bean*.

Schwein gehabt: die Nutztiere der Kelten

Viele Tiere bevölkerten die keltischen Dörfer ebenso wie die keltischen Sagen. Von großer Bedeutung waren die Schweine, die den größten Teil des Fleischbedarfs deckten. Man hielt sie in Herden von fünfundzwanzig bis dreißig Tieren, immer in der Nähe der Buchen- und Eichenwälder, bewacht von Hirten und ihren Hunden. Den Leittieren band man Glocken um, damit man sie im dichten Gewirr der Bäume und Sträucher besser wiederfinden konnte.

Während die Schweine nur ihres Fleisches wegen gehalten wurden, konnte man den Rindern noch einiges mehr abgewinnen. Sie dienten als Zugtiere für die Pflüge und Wagen und gaben Milch, die zu der sehr beliebten Butter verarbeitet wurde. Aus ihren Häuten machte man Leder, aus ihren Hörnern schnitzte man Werkzeuge oder Schmuck. Wegen der harten Lebensbedingungen waren sie deutlich kleiner als heutige Rinder. Auch die Schweine und Pferde erreichten nicht die Größe ihrer heute lebenden Verwandten. Ziegen und Schafe dienten ebenfalls als Fleischlieferanten, aber hauptsächlich wollte man ihnen an die Wolle. Hunde schützten die Weidetiere vor Angriffen von Wölfen oder anderen wilden Räubern. Die durchschnittliche Schulterhöhe dieser Hunde lag bei etwa einem halben Meter, doch gab es auch deutlich kleinere Gesellschaftshunde, die man aus dem Süden importiert hatte und die dem heutigen Pinscher geähnelt haben mögen. Die Kriegshunde waren groß und doggenartig, die Jagdhunde den Windhunden ähnlich. Im Schottischen Hirschhund und im Irischen Wolfshund sieht man heute noch die Nachfahren dieser mächtigen Tiere.

Hauskatzen kannten die Kelten noch nicht. Sie tauchen erst später in Nordeuropa auf, nach dem Huhn, das etwa um 8 v. Chr., also in der späten La-Tène-Zeit, über die Alpen kam und in den Dörfern Einzug hielt. Und

auch dann war seine Bedeutung eher gering. Für das Fleisch gab es die Schweine, und Eier legten Hühner damals noch nicht täglich. Knochenfunde belegen, dass es sehr viele Hähne gab – wahrscheinlich hielt man Hühner anfangs nur wegen ihrer Schönheit und als Opfertiere.

Statussymbol und Kultobjekt: das Pferd

Keltische Pferde würde man heute Ponys nennen. Die unwirtlichen Lebensbedingungen der nordischen Wälder ließen die Pferde, die wohl ursprünglich aus den Steppen des Ostens kamen, im Lauf der Zeit an Stockmaß verlieren. Ihre mittlere Größe lag bei 1,20 bis 1,30 Meter. Größere Pferde, deren Skelette bei Ausgrabungen gefunden wurden, hatte man vermutlich aus dem Osten oder Süden eingeführt. Im Durchschnitt waren die Pferde der Kelten kleiner, zäher und stämmiger als die anderer Völker, dabei aber schnell und ausdauernd. Die Kelten sollen die ersten Pferdezüchter der Geschichte gewesen sein – und damit auch das erste mitteleuropäische Reitervolk.

Pferde waren aus dem keltischen Leben nicht wegzudenken. Schon in der Hallstattzeit war das Pferd ein begehrtes Statussymbol: Die Fürstengräber enthielten neben dem Schmuck und dem Speisegeschirr oft auch den Wagen des Verstorbenen sowie die Geschirre von zwei Zugpferden und einem Reitpferd. Die Überreste der Tiere fand man hingegen nicht, anders als bei den östlichen Reiterstämmen wie den Skythen, deren Fürs-

ten immer mit ihren Pferden bestattet wurden. Den Kelten waren die Tiere wahrscheinlich zu kostbar. Dem Fürsten von Hochdorf hatte man „ersatzweise“ kleine Bronzepferdchen, die das Joch seines Wagens zierten, mit auf die Reise ins Jenseits gegeben.

Leider kann man die genaue Form der Zaumzeuge und Sättel nur anhand der Metallteile erschließen; das Leder ist in den Gräbern nicht erhalten geblieben. Erhalten sind jedoch – weil aus Erz und Eisen gefertigt – die Trensen, die von den Kelten formvollendet geschmiedet wurden: einfach und doppelt gebrochene Wassertrensen oder Knebeltrensen. Als „Sättel“ dienten anfangs mit mehreren Riemen befestigte Decken und Felle. Später übernahm man von den Römern den Vierhornsattel, einen lederüberzogenen Kissensattel ohne Steigbügel.

Auch im Krieg war das Pferd für die Kelten unverzichtbar. Der geschickte Kampf mit ihren zweirädrigen, sehr wendigen Streitwagen brachte ihnen großen Respekt ein. In der Regel war so ein Wagen mit einem Wagenlenker und einem Krieger besetzt. Im Kampfgetümmel sprang der Krieger ab und der Lenker wartete außerhalb des Geschehens auf seine Rückkehr.

Die kultische Bedeutung des Pferdes zeigt sich daran, dass die Kelten eine eigene Schutzgöttin der Pferde verehrten: Epona. Ihr Name ist von dem altkeltischen Wort für Pferd, *epos*, abgeleitet. Das überlebensgroße weiße Pferd von Uffington, das wahrscheinlich im 1. Jahrhundert v. Chr. in die Flanke eines Kalksteinhügels im südenglischen Sussex gescharrt wurde, könnte eine Darstellung Eponas sein.

Zeitvertreib des Adels: die Jagd

In den keltischen Mythen müssen sich die Helden ihr Fleisch erjagen. Und auch Asterix und Obelix gehen oft auf Wildschweinjagd. Doch alltäglich war das mit Sicherheit nicht. Die Jagd war ein größeres Unternehmen und gefährlich. Gerade Wildschweine waren für die Kelten eine eher seltene Beute, wie die Funde an den Grabungsstätten beweisen. Der Fleischbedarf wurde vor allem über die gezüchteten Nutztiere im Weiler gedeckt. Um in den riesigen Wäldern erfolgreich zu jagen, brauchte es nicht nur großes Können, sondern auch viel Zeit, und die war schon damals ein knappes Gut im harten Alltag. So war der praktische Nutzen der Jagd auch eher der Schutz der eigenen Tiere als die Versorgung mit Wildbret. Nur die wenigen Angehörigen der Oberschicht gönnten sich den Luxus der Jagd als Zeitvertreib.

Doch auch wenn die Jagd ein seltenes Vergnügen war, besaßen die Kelten eigens gezüchtete Jagdhunde, die Segusier, benannt nach einem gallischen Volksstamm, den Segusianern. Von den Segusiern stammen die Bracken ab, die noch heute für die Jagd eingesetzt werden. Laut Flavius Arrian, einem römischen Geschichtsschreiber, waren sie klein und hässlich, zeichneten sich aber durch eine besonders feine Nase und ein leidenschaftliches Jagdverhalten aus. Sie waren für ihre Besitzer sehr wertvoll, weshalb man ihnen eine bevorzugte Stellung einräumte und der Diebstahl eines solchen Hundes hart bestraft wurde.

Jedem Tier begegneten die Kelten mit Achtung – schon weil man nie wusste, ob sich in ihm nicht ein Gott verbarg.

Eine bevorzugte Jagdtechnik der Kelten war die Parforcejagd. Die Meute wurde auf die Fährte eines bestimmten Wildes gesetzt, etwa die eines Hirsches. Dieser wurde dann von Hunden und Reitern so lange gehetzt, bis er eingeholt war oder sich erschöpft der Meute stellte.

Cernunnos, ein Gott in Menschengestalt mit Hirschgeweih, wurde oft von einem Hirsch begleitet, und immer bestand die Möglichkeit, dass ein Hirsch ein verzauberter Mensch war. Zudem verehrten die Kelten den Hirsch als ein Symbol der Fruchtbarkeit und Erneuerung und als Hüter des Waldes. Letzteres war auch der Wildschweineber, den die Kelten für seine Angriffslust bewunderten. Als Symbol für Kraft und Unbesiegbarkeit trugen sie sein Bild auf Helmen oder Schilden. König der Tiere und größtes Vorbild für die Krieger aber war bei den Kelten der Bär.

Raben und Krähen galten den Kelten als Zauberwesen. Man glaubte, dass sie die Grenze zur Anderswelt, dem Jenseits, überqueren könnten. Götter und Zauberer nahmen ihre

Gestalt an, um schnell an einen bestimmten Ort fliegen zu können. Wegen ihres schwarzen Gefieders waren sie Boten von Dunkelheit, Unheil und Tod. In den irischen Mythen erscheint die Bodb, ein weiblicher Schlachtendämon, in Gestalt einer Krähe und stachelt die Krieger zum Kampf an.

Im krassen Gegensatz zu den Rabenvögeln standen die Schwäne. Auch sie konnten verwandelte Menschen sein, unschuldige Opfer eines bösen Zaubers. Sie wurden für ihre Reinheit und Schönheit bewundert und es war bei Strafe verboten, sie zu töten. In Irland gilt dieses Gesetz noch heute.

Meister ihres Fachs: Schmiede und Zimmerleute

Kaum etwas veränderte das Leben der Kelten so wie das Wissen um die Verhüttung von Eisen. Obwohl dieses Wissen im Mittelmeerraum und in Nordafrika schon in vorkeltischer Zeit verbreitet war, gelang es erst den Kelten, es so kunstvoll anzuwenden, dass selbst die Römer ihre Schwerter bewunderten.

Das Erz ließ sich leicht im Tagebau gewinnen, dann brauchte man nur noch ausreichend Brennmaterial, in diesem Fall Buchenholzkohle, und schon konnte man das Eisenerz in kleinen Hochöfen schmelzen, bis sich die Schlacke vom Roheisen trennte. Sobald man diese Technik beherrschte, löste das Eisen die Bronze bei der Herstellung von Werkzeugen und Waffen ab. Bronze ist zu weich, sie muss gegossen werden und bei starker Beanspruchung verliert sie leicht ihre Form. Nun schmiedete man alle möglichen Gegenstände aus Eisen: Waffen, Werkzeuge, Messer, Schaufeln, Sensen, Sicheln, Speer- und Pfeilspitzen, Schwerter, Fibeln, Schildbeschläge, Radnaben, Radbeschläge und anderes mehr. So entstand der Beruf des Schmieds, der bald so stark an Bedeutung gewann, dass die Kelten ihre Stammesgötter oft als Schmiede darstellten.

Das keltische Zimmerhandwerk stand der Schmiedekunst in nichts nach. Für den Haus- und Festungsbau, die Fertigung von Fässern, Bottichen und Eimern sowie für die vierrädrigen Wagen und ihre Speichenräder brauchte es großes Können. Überhaupt sagt man den Kelten nach, das Rad zwar nicht erfunden, es aber auf jeden Fall zur Vollendung geführt zu haben. Sie entwickelten ein Rad mit Eisennabe, Holzspeichen und einem aus einem Stück gearbeiteten Holzreifen, auf den man zum Schutz vor Abnutzung einen Eisenreifen aufzog. Dazu fertigte man zuerst das Holzrad, erhitzte den Eisenreifen, zog ihn dann auf das Holzrad auf, und wenn das Eisen erkaltete, zog es die Holzteile fest zusammen. Dieser neu entwickelte Radtyp war so ausgereift, dass er bis heute kaum zu verbessern war.

Meister waren die Kelten auch im Bergbau, denn um an das Salz und das für die Bronze nötige Kupfer zu kommen, mussten sie oft tief in den Fels vordringen.

Die keltischen Trensen sehen den heutigen Wassertrensen schon sehr ähnlich.

Pflüge wurden zumeist von Tieren gezogen. Es gab allerdings Ausnahmen: An steilen Hängen oder auf felsigem Untergrund war es oft leichter, per Hand zu pflügen.

HENWEN, DIE MAGISCHE SAU

Coll fab Collfrewi war neben Drystan fab Tallwch und Pryderi fab Pwyll Pen Annwfn einer der drei großen Schweinehirten Britanniens. Für seine Arbeit wurde er sehr geachtet und bewundert. Gewissenhaft führte er seine Herde täglich in die Wälder von Cornwall und ließ die Tiere Eicheln fressen, sodass sie gut gediehen. Das prächtigste Schwein seiner Herde hieß Henwen, „die alte Weiße“. Sie war eine wunderschöne Sau, strahlend weiß und üppig, besaß besonders kräftige Borsten und ihre Ohren schimmerten rot. Manche sagten, sie wäre wohl kein ganz gewöhnliches Schwein, vielleicht sogar eine verzauberte Göttin, aber Coll glaubte nicht daran. Henwen benahm sich nicht anders als alle anderen Schweine. Warum sollte sie etwas Außergewöhnliches sein? Nur weil niemand sich erinnern konnte, wie alt sie war?

Eines Tages, als Coll seine Herde in den Wald führen wollte, war Henwen verschwunden. Zutiefst erschrocken, suchte Coll nach ihr, doch sie war wie vom Erdboden verschluckt. Nachdem er endlich ihre Spuren gefunden hatte und ihnen eine Weile gefolgt war, musste er feststellen, dass genau das geschehen war: Der Erdboden hatte sie verschluckt. Das konnte nur eines bedeuten: Der Fürst von Annwfn, der Anderswelt, musste Henwen entführt haben. Sie war wohl doch kein gewöhnliches Schwein …?

Nahe der Stelle, an der sich Henwens Spur verlor, sprudelte eine kleine Quelle und bildete einen winzigen Teich. Beherzt trat Coll an das Ufer und blickte in das spiegelnde Wasser. Sogleich verschwand der Wald um ihn herum und er befand sich in einem Gewirr aus unterirdischen Gängen. Unbeirrt machte er sich auf den Weg, folgte seinem Gespür, ohne nach rechts und links zu schauen. Hätte er das getan, wäre er sicher nicht weit gekommen, denn überall lauerten grässliche Monster und Fabelwesen, aber auch wunderschöne Frauen, die ihn lächelnd einluden, mit ihnen zu verweilen.

Am Ende eines langen Ganges fand er Henwen. Sie war verschreckt, aber unversehrt. Und zum Glück war sie unbewacht. So gelang es Coll, sie mitzunehmen und aus der Anderswelt zurückzuführen.

Zunächst schien Henwen unverändert. Erst nach einer Weile bemerkte Coll ihre Unruhe; sie wollte nicht bei den anderen Schweinen bleiben, sondern streunte umher, entfernte sich immer weiter von der Herde. Bald hatte Coll keine andere Wahl, als einen anderen Hirten für seine Herde zu finden und Henwen auf ihren Wanderungen zu folgen. Dabei behielt er stets eine Hand auf ihren prächtig gewachsenen Borsten.

Nach einer Weile ahnte er den Grund für Henwens Unruhe: Sie war trächtig. Und während er mit ihr umherzog, hörte er von einer Prophezeiung der Druiden: Aus der Last von Henwens Leib, so hieß es, werde Britannien großes Unheil erwachsen. Aus Angst davor hatten sich bereits berühmte Krieger der Insel auf den Weg gemacht, um Henwen zu töten. Angeblich war sogar der große König Artus selbst hinter ihr her.

Dessen Aufmerksamkeit richtete sich jedoch bald auf ein anderes Schwein, nämlich auf den wilden Eber Twrch Trwyth. Denn Culhwch, Artus' Vetter, wollte die schöne Olwen heiraten, eine Tochter des Riesen Ysbaddaden, und der Riese hatte Culhwch Bedingungen gestellt. Die schwierigste von ihnen war, dass Culhwch einen ganz besonderen Kamm und eine ganz besondere Schere herbeischaffen musste, denn nur mit diesem Werkzeug ließ sich die üppige Haarpracht Ysbaddadens ordentlich herrichten. Und das war nötig, denn schließlich wollte man Hochzeit feiern. Der besondere Kamm und die besondere Schere aber befanden sich zwischen den Ohren des magischen Ebers Twrch Trwyth. Das war ein mächtiges Tier von ungeheurer Wildheit. Mit seinen sieben Frischlingen tobte es durch das Land und hinterließ eine große Verwüstung. Niemand konnte es aufhalten.

Da Culhwch wusste, dass er den wilden Eber Twrch Trwyth nicht allein stellen konnte, bat er seinen Vetter Artus um Hilfe. Und so machte sich Artus mit einem Trupp tapferer Männer daran, den schrecklichen Eber aufzuspüren. Sie fanden ihn in Irland. Auch dort hatte er furchtbar gewütet. Doch als sich Artus und seine Krieger auf den Eber stürzten, konnten sie ihn nicht bezwingen. Zu furchtlos und zu ungestüm waren seine Angriffe, zu scharf und zu giftig seine Borsten. Nach drei Tagen entschloss sich Artus, das Tier im Zweikampf zu besiegen. Doch auch das gelang ihm nicht: Neun Tage währte der Kampf, dann musste Artus aufgeben. Nun schickte er Gwrhyr, der die Sprachen aller Lebewesen sprechen konnte, zu den Ebern, damit er mit ihnen verhandeln sollte. Doch

Silberborste, einer der Jungen von Twrch Trwyth, lehnte jede Verhandlung ab. Und so setzten die Eber ihren Zug fort, schwammen hinüber nach Wales und wüteten dort wie eh und je.

Artus und seine Krieger folgten ihnen. Sie jagten sie durch halb Britannien, und die Jagd kostete viele Männer das Leben. Nach und nach gelang es ihnen, die Jungtiere zu töten, doch Twrch Trwyth selbst konnte fliehen. Endlich entdeckte Mabon, einer von Artus' Kriegern, den Eber in Cornwall. Todesmutig entriss er ihm Kamm und Schere! Da warf sich das schnaubende Tier rasend vor Wut ins Meer. Seither wurde es nie mehr gesehen.

Währenddessen hütete Coll seine Henwen weiter und folgte ihr, immer eine Hand auf ihren Borsten. Nicht einmal, als die Sau bei Penrhyn Awstin an der kornischen Küste ins Meer stieg und nordwärts schwamm, ließ er die Hand von ihr. So kamen beide bis nach Wales. In Gwent, im Südosten, ging Henwen an Land und zog über die sanften Hügel. Und wie sie so wanderte, da brachte sie plötzlich ein Weizenkorn hervor. Und gleich darauf eine Biene. Coll staunte, denn augenblicklich schoss rundherum prächtigster Weizen empor. Von nun an war Gwent berühmt für Weizen und Bienen. Henwen aber zog weiter nach Westen, und Coll folgte ihr, die Hand auf den Borsten. In Pembroke, im Südwesten von Wales, geschah erneut etwas Wundersames: Hier brachte Henwen ein Gerstenkorn hervor. Und gleich darauf eine Biene. Schon wuchs kräftige, goldene Gerste rundherum, und von nun an war Pembroke berühmt für seine Gerste und seine Bienen.

Coll war stolz auf seine Sau, denn er sah, dass sie Gutes hervorbrachte. Die Druiden hatten sich geirrt – das, was Henwens Schoß verließ, brachte der Insel Wohlstand, nicht Unheil. Und so zog er frohgemut weiter, immer die Hand auf Henwens Borsten. Schließlich erreichten sie die Berge, hoch oben im Norden von Wales. Es war eine wilde, raue Gegend mit kahlen Felsen und steilen Schluchten. Hier, auf dem allerhöchsten Gipfel, hielt Henwen erneut inne. Doch diesmal brachte sie kein Getreide hervor. Mit Entsetzen sah Coll, wie sie ein Wolfsjunges gebar. Und gleich darauf ein Adlerjunges. Seitdem nannte man diesen Berg Eryri, denn *eryr* heißt auf Kymrisch „Adler".

Weh mir, dachte Coll bei sich. Denn er ahnte, dass dieser Wolf und dieser Adler der Insel nichts Gutes bringen würden. Es waren Tiere der Dunkelheit und der Zerstörung.

Doch er wollte sie nicht töten, denn er war nicht sicher, dass sie wirklich Verderben bringen würden. Und so gab er den kleinen Adler in die Obhut von Brennach dem Iren, den kleinen Wolf gab er dem Waliser Menwaedd von Arllechwedd, einem der drei großen berittenen Krieger Britanniens. Brennach und Menwaedd, so meinte Coll, könnten sicher verhindern, dass Henwens Nachkommen Britannien verheerten.

Henwen aber war noch immer rastlos. Coll folgte ihr und ließ sie nicht aus den Augen, fürchtend, ihr Schoß werde noch mehr Gefahren hervorbringen. Und er fürchtete zu Recht. Am Schwarzen Stein von Llanfair in Arfon, im Nordwesten von Wales, gebar Henwen ein Katzenjunges. Es war nur ein kleines, getüpfeltes Kätzchen, doch Coll sah bereits das Monster in ihm. Da entschied er, es niemandem anzuvertrauen, sondern es eiligst zu töten. Und er warf es zwischen dem walisischen Festland und der Insel Môn, die heute Anglesey genannt wird, ins Wasser.

Erleichtert sah er, dass Henwen nun ihren Zauber verloren hatte. Sie war ein zufriedenes, ganz gewöhnliches Schwein. Und so zog Coll mit ihr heim nach Cornwall.

Das Kätzchen aber war nicht ertrunken. Die Söhne des Palug fanden es, nass und erschöpft, am Strand der Insel Môn. Aus Mitleid nahmen sie es mit nach Hause und zogen es von Hand auf. Seither hieß das Tier Cath Palug, die Katze Palugs.

Die Druiden hatten sich nicht geirrt. Das Kätzchen wuchs zu einem gewaltigen Monster heran. Es entkam den Söhnen des Palug und wurde zu einer der drei schrecklichen Plagen von Môn. Auch der Wolf und der Adler brachten Unheil über Britannien, doch die Monsterkatze wütete am fürchterlichsten. Neun Mal zwanzig mächtige Krieger verschlang sie gierig mit Haut und Haar. In ihrer Verzweiflung baten die Menschen von Môn König Artus um Hilfe. Er schickte ihnen Cei fab Cynyr, einen seiner engsten Vertrauten und mutigsten Männer. Lange dauerte der Kampf zwischen Cei und der Katze Palugs, und als Cei endlich zurückkehrte, sagte er nicht, was geschehen war. Vielleicht hatte er das Monster erschlagen, vielleicht war es ins Meer geflohen. Vorerst jedoch hatten die Menschen Ruhe vor dieser schrecklichen Plage.

Und so hatte Henwen, die wundersame Sau des Coll, den Menschen von Britannien gleichermaßen viel Gutes und viel Leid gebracht, bevor sie ihre Tage als ganz gewöhnliches Schwein beschloss.

DIE KELTEN IM KRIEG

Die Sehnsucht nach dem Süden

Im 4. Jahrhundert v. Chr. begaben sich die Kelten auf Wanderschaft. Ihre immer anspruchsvollere Lebensweise, Spannungen und soziale Unruhen führten dazu, dass viele keltische Stämme nach neuen Siedlungsgebieten zu suchen begannen. Und so überquerten sie die Alpen gen Süden, kamen nach Italien oder folgten zunächst dem Verlauf der Donau, um dann wieder südwärts über den Balkan bis nach Griechenland und in die heutige Türkei weiterzuziehen. Natürlich waren diese Gebiete längst besiedelt und die Einheimischen waren nicht bereit, ihr Land mit den fremden Eindringlingen zu teilen. Und so wirbelten bald die Schwerter. Zunächst mit dem besseren Ende für die Kelten, deren wilden Kriegern die vom Angriff überrumpelten Mittelmeerbewohner anfangs wenig entgegenzusetzen hatten.

Das galt auch für die kriegserprobten Römer. Nachdem die Kelten die römische Armee um 390 v. Chr. in der Schlacht an der Allia vernichtend geschlagen hatten, fielen sie in Rom selbst ein und zerstörten alles, was sich nicht plündern ließ. Das war einer der Gründe, warum die Römer von da an auf Rache sannen.

Die Griechen waren den Kelten zunächst durchaus freundlich gesonnen. Noch im 4. Jahrhundert v. Chr. hatte der Geschichtsschreiber Ephoros von Kyme die Kelten als „Griechenfreunde“ bezeichnet; offenbar gab es freundschaftliche Beziehungen zwischen den Griechen und keltischen Stämmen, etwa zwischen der griechischen Kolonie Massalia (Marseille) und den Kelten Südgalliens. Doch mit ihren Beutezügen auf dem Balkan und in Griechenland selbst machten sich die Kelten schnell unbeliebt. Ihre Angriffe gipfelten 279 v. Chr. in dem Überfall auf Delphi. Das Apollonheiligtum, in der antiken Welt berühmt für sein Orakel und die Reichtümer, die man dort hortete, galt als uneinnehmbar. Doch Brennos, ein mächtiger Keltenführer, und seine Mannen ließen sich davon nicht beeindrucken. Ihnen gelang es, die Griechen abzulenken und Delphi anzugreifen. Erst in letzter Minute kam den Griechen die Erfüllung eines Orakelspruchs zu Hilfe: Laut einer Weissagung sollten sie von „weißen Jungfrauen“ Unterstützung bekommen. Und in der Tat zwang ein heftiger Wintereinbruch mit Schneestürmen die Kelten zum Rückzug. Sie mussten Griechenland verlassen und suchten im nördlichen Balkanraum Zuflucht.

Bithynien lag an der Südküste des Schwarzen Meeres. Südlich davon befindet sich die Region Galatien.

Drei weitere keltische Stämme, die Tolistobagier, die Trokmer und die Tektosagen, waren derweil in Richtung Kleinasien gewandert. Hier stießen sie auf deutlich weniger Widerstand. Im Gegenteil, dem bithynischen König Nikomedes kamen die fremden Krieger sehr gelegen und er warb sie als Söldner an, um mit ihrer Hilfe Ländereien im Süden zu erobern. Die Raubzüge waren erfolgreich: Die angegriffenen Städte waren untereinander zerstritten, sodass keine Bündnisse zustande kamen, und allein waren sie leichte Beute. Die Kelten blieben in Kleinasien und siedelten sich im Zentrum der heutigen Türkei an. Man nannte sie Galater, ihr Gebiet Galatien. Vielleicht könnte man Galatien tatsächlich als keltisches Land bezeichnen, doch weiß man zu wenig über die Siedlungsgeschichte in der recht unfruchtbaren, trockenen Region, um das belegen zu können.

Im übrigen Mittelmeerraum konnten die keltischen Einwanderer keine neue Heimat finden. Nicht nur die Römer erstarkten und zwangen die Kelten über die Alpen zurück in ihre Stammgebiete, auch die Daker, ein Volk in der Region des heutigen Rumänien, gewannen an Einfluss und drängten die keltischen Boier – nach ihnen ist das heutige Böhmen benannt – westwärts, wo sie sich den Helvetiern auf ihrem Weg nach Gallien anschlossen. Im Norden wiederum waren die Germanen auf der Suche nach neuen Siedlungsgebieten, und so sahen sich die Kelten von drei Seiten bedroht. Ihnen blieb nur noch der Weg nach Westen.

Waffen und Rüstungen

Wie kann man sich einen Angriff der Kelten vorstellen? Ganz einfach: wild und laut. Bevor die Kelten die ausgefeilte Angriffstaktik der Römer kennenlernten, war ihr oberstes Ziel, Eindruck zu schinden. Und zwar so viel wie irgend möglich. Wichtige Mittel zu diesem Zweck waren: auf die Schilde hämmern, was das Zeug hält, aus voller Kehle brüllen und der Einsatz der Karnyx, der Kriegstrompete, die ein schauerliches Brummen von sich geben konnte. Erst im 1. Jahrhundert v. Chr. ließ man von diesen hitzigen, ungestümen Angriffen ab und ging zu einer besser geplanten, geordneten Taktik über.

Doch kann man den keltischen Stämmen nicht nachsagen, dass sie Krieg um seiner selbst willen geführt hätten. Bevor es zu blutigen Auseinandersetzungen kam, gab es verschiedene Möglichkeiten, diese noch abzuwenden. Eine von ihnen war das Duell: Die besten Krieger beider Seiten stellten sich zum Zweikampf. Es konnte sein, dass allein der

Ausgang dieses Kampfes eine Schlacht verhinderte. Von diesem Brauch berichten keltische Mythen wie der *Rinderraub von Cooley*, in der der Held Cú Chulainn mehrfach nur einem Krieger als Stellvertreter des gegnerischen Heeres gegenübertritt. Doch auch der antike griechische Geschichtsschreiber Poseidonios schildert solche Zweikämpfe, bei denen es offenbar üblich war, zuvor die eigenen Heldentaten zu rühmen und den Gegner zu schmähen.

Zudem hatten die Druiden die Macht, sich zwischen die Krieger zu stellen und Schlimmeres zu verhindern. Gegen die Römer waren derlei Bemühungen um Frieden allerdings wirkungslos: Sie verlangten offene Feldschlachten und ohne deutliche Entscheidung hätte ein Legionär niemals das Schlachtfeld verlassen.

Ein Grund für den Untergang der festlandkeltischen Kultur dürfte gewesen sein, dass die keltischen Krieger oftmals zuerst die Nerven verloren und in der Folge dann auch die Schlacht. Nicht selten, dass sie, wenn sie die Niederlage kommen sahen, rasend vor Verzweiflung in blinder Wut dem Feind entgegenrannten und ihm direkt ins Schwert stürmten oder aber panisch zurückstoben und dabei die eigenen hinter ihnen anrückenden Krieger völlig aus der Fassung brachten. Einen kühlen Kopf zu bewahren gehörte offenbar nicht zu den Stärken der keltischen Krieger, wenn man den Berichten ihrer Gegner Glauben schenken will.

Das Wort Slogan kommt von dem schottisch-gälischen Wort *sluaghghairm* und bedeutet ursprünglich „Schlachtruf".

Mag sein, dass die Kelten wenig Geschick in der Kriegführung besaßen, doch gab es zwei Dinge, deretwegen man sie fürchtete und um die man sie beneidete: zum einen ihre

Streitwagen, zum anderen ihre Langschwerter. Nachdem man gelernt hatte, sie aus Eisen zu schmieden, erreichten die Klingen eine derartige Härte und einen solchen Grad an Vollendung, dass selbst die Römer sie begehrten. Ihre Bewunderung fand sogar in ihrer Sprache Niederschlag: Das lateinische Wort *ensis* für Schwert wurde durch die Bezeichnung *gladius* ersetzt, ein Wort, das von dem altirischen *claideb* oder dem kymrischen *cleddyf* abgeleitet ist.

Außer dem Langschwert, das vom Boden bis zur Taille reichen konnte, trugen die keltischen Krieger Lanze und Speer mit sich, also eine Nah- und eine Fernwaffe. Während eine Lanze die Hand nicht verließ, eher zur Abwehr geeignet und deshalb länger, schwerer und breiter war, wurden die Speere gegen den Feind geworfen, meistens durch einen Wurfriemen unterstützt, wodurch sie eine sehr viel größere Reichweite hatten.

In einer Sage über den irischen Helden Cú Chulainn wird der keltische Brauch, sich nackt in die Schlacht zu stürzen, ironisch umgekehrt: Als Cú Chulainn sich im Blutrausch befindet und nicht mehr zwischen Freund und Feind unterscheiden kann, treten ihm die Frauen von Ulster unbekleidet entgegen. Schamhaft wendet er sich ab und kann nun von den anderen Kriegern überwältigt und beruhigt werden.

Über den Einsatz von Pfeil und Bogen im Krieg ist kaum etwas überliefert. Vermutlich verwendete man diese Waffen fast ausschließlich zur Jagd, da es sehr schwer bis fast unmöglich war, zielgenau zu schießen. Die Kriegsbögen, von denen berichtet wird, waren nicht selten mannshoch und besaßen eine extreme Durchschlagskraft. Die Pfeile aus Weidenholz hatten eiserne Spitzen, die mit doppelten Widerhaken versehen sein konnten. Schließlich setzte man auch Steinschleudern ein, mit denen man außer Steinen tönerne Kugeln verschoss.

Doch was trug ein keltischer Krieger außer seinen Waffen? Die Antwort darauf ist kurz und knapp: einen goldenen Halsreif, den Torques. Da kommt die Frage auf: Sonst nichts? Richtig: In der Regel kämpften die Kelten nackt. So jedenfalls schildern es antike Quel-

len, etwa der griechische Historiker Polybios. Diesen Berichten zufolge scheint die Mischung aus Trompetenlärm, Kriegsgebrüll und mit Todesverachtung zur Schau gestellter Männlichkeit ihre Wirkung nicht verfehlt und den Gegner sehr verunsichert zu haben.

Die Kelten, die nackt in die Schlacht zogen, glaubten fest, der Torques werde sie beschützen. Krieger, die sich nicht auf die Zauberkraft eines Goldreifs um den Hals verlassen wollten, hatten dagegen eine breite Auswahl an handfesterem Schutz. Da wäre zuerst der Schild zu nennen. Er war oval und fast mannshoch, mehrere Kilo schwer, bestand aus Weidengeflecht oder Holz, das man zur Verstärkung mit Leder überzog und in der Mitte mit einem Schildbuckel versah. Sehr selten waren die Schilde aus Bronze oder mit Bronze beschlagen; diese Variante fand man eher bei königlichen Feierlichkeiten als auf dem Schlachtfeld.

Als Kopfschutz dienten Helme aller Art. Für Kelten mit schmalem Geldbeutel gab es lederne, aber wer es sich leisten konnte, entschied sich für einen bronzenen Helm. Viele Helme waren mit einem Wangenschutz versehen und mit Vögeln und Ebern verziert, manche mit imposanten Hörnern geschmückt.

Die beliebteste Frisur der keltischen Krieger machte das Tragen eines Helms allerdings unmöglich. Da der Wildschweineber aufgrund seiner Angriffslust sehr verehrt wurde, wollte man die Haare so tragen, dass sie seinen aufgestellten Borsten ähnelten. Dazu rieb man Kalkwasser in die Haare, was sie sehr hart werden ließ und es ermöglichte, dass man sie wie Stacheln nach hinten kämmen und aufstellen konnte. Kein Wunder, dass die antiken Geschichtsschreiber mit einer Mischung aus Grauen und Ehrfurcht von den keltischen Kriegern berichten …

Rebellion gegen die Römer

Auch nachdem sie die Kelten in ihre Heimat jenseits der Alpen zurückgedrängt hatten, gaben die Römer keine Ruhe. Nach der Plünderung Roms zu Beginn des 4. Jahrhunderts v. Chr. waren sie die Erzfeinde der Kelten geworden und ließen keine Gelegenheit aus, ihnen Schaden zuzufügen. So eilten sie im Jahr 154 v. Chr. der von Galliern bedrängten griechischen Kolonie Massalia zu Hilfe und eroberten nach und nach das Gebiet ringsum, weiteten es aus, bis sich ein Bogen von den Pyrenäen bis zu den Alpen spannte. Etwa 60 v. Chr. war es so weit: Das südliche Gallien war fest in römischer Hand.

Nun betrat Julius Cäsar die Bühne. Politischen Erfolg hatte er bereits vorzuweisen, aber er wollte noch mehr, und dafür brauchte er dringend Geld. Die Eroberung Galliens war für ihn eine willkommene Gelegenheit, beides zu erlangen. Als ihn dann auch noch der gallische Stamm der Haeduer gegen die von Osten her einwandernden, ebenfalls keltischen Helvetier zu Hilfe rief, hatte er freie Bahn: Innerhalb weniger Jahre gelang es ihm und seinen Legionen, die den keltischen Kriegern an Schnelligkeit und militärischem Kalkül weit überlegen waren, die römische Provinz nach Norden hin zu erweitern. Stamm um Stamm wurde niedergeworfen, schließlich auch die letzten Rebellen in der Bretagne.

Ganz Gallien lag nun in der Hand der Römer. Ganz Gallien? Nein: Im Nordosten kam es zum Aufstand. Ambiorix, Fürst der Eburonen, machte Cäsar das Leben schwer, seine Krieger vernichteten ein Fünftel der römischen Armee. Doch am

Ende wurde er besiegt und Cäsar nahm blutige Rache: Seine Legionen töteten fast alle Angehörigen der Oberschicht, zerstörten Dörfer und Gehöfte. Sie hinterließen verbrannte Erde.

Noch aber war Gallien nicht endgültig unterworfen; Cäsar hatte seine Rechnung ohne Vercingetorix gemacht. Ihm, dem eigensinnigen Sohn eines Adligen aus dem Stamm der Arverner, gelang es, nicht nur die eigenen Stammesangehörigen, sondern auch einige Stämme Mittel- und Westgalliens hinter sich zu bringen und den Römern erbitterten Widerstand zu leisten. Bei Gergovia, einer Hügelfestung in der zentralfranzösischen Auvergne, feierten die Aufständischen einen triumphalen Sieg über Cäsar, der in dieser Schlacht sechsundvierzig seiner Zenturionen verlor und den Rückzug antreten musste. Immer mehr Verbündete schlossen sich Vercingetorix an. Doch der Erfolg ließ sich nicht wiederholen. In der Schlacht um das keltische Oppidum Alesia war Cäsar das Kriegsglück wieder hold. Es gelang ihm, das Heer des Vercingetorix, das den Bewohnern Alesias zu Hilfe geeilt war, in dem Oppidum einzuschließen und auszuhungern. Den Belagerten blieb nichts anderes übrig, als sich geschlagen zu geben. Vercingetorix wurde gefangen genommen, sechs Jahre in Rom eingekerkert, während Cäsars Triumphzug unter dem Spott der Römer durch die Straßen geführt und schließlich hingerichtet. Damit hatte die letzte keltische Revolte auf dem Kontinent ein Ende.

Gut hundert Jahre später – die Römer hatten ihr Imperium inzwischen auf Britannien ausgeweitet – kam es dort zu einer ähnlichen Revolte. Boudicca, die Gemahlin eines Fürsten der Ikener (ein keltischer Stamm im Gebiet des heutigen Norfolk/Suffolk), wurde nach dem Tod ihres Mannes von den römischen Besatzern nicht als Stammesoberhaupt anerkannt. Die Römer ließen sie auspeitschen und schändeten ihre Töchter. Daraufhin schwor Boudicca Rache und zog in die Schlacht. Achtzigtausend Krieger folgten ihr, doch war ihre Ausrüstung zu schlecht, die Römer taktisch überlegen. So scheiterte auch der Aufstand der Boudicca. Einzig das schottische Hochland und die Hebriden sowie Irland blieben als keltische Rückzugsgebiete von der römischen Eroberung verschont.

WIE CÚ CHULAINN SEINEN NAMEN BEKAM

Der kleine Sétanta wuchs glücklich auf. Seine Mutter war Dechtire, die Schwester des Königs Conchobar von Ulster. Sein Vater, so hieß es, war der Gott Lug. Wie es damals üblich war, hatte Dechtire ihren Sohn zu Pflegeeltern gegeben, dem Druiden Amairgin und seiner Frau Finnchaem. Sétanta hatte es gut bei ihnen, und sein Ziehbruder, Conall Cernach, war sein liebster Spielgefährte.

Doch Sétanta war anders als sein Ziehbruder und die Kinder der Umgebung. Stets sagte er kluge Dinge, er verstand es, Gedichte und Lieder zu machen, und er besaß große Körperkraft und kämpferisches Geschick. Und so sagte er eines Abends, als er gerade fünf Jahre alt war, zu seiner Ziehmutter Finnchaem: „Ich möchte nun ein Krieger sein. Ein Krieger des Roten Zweigs in Emain Macha, am Hof des Königs von Ulster, meines Onkels. Ich werde nach Emain Macha gehen." – „Dazu bist du noch zu klein, Sétanta", sagte seine Ziehmutter. „Und Emain Macha ist sehr weit. Warte, bis ein Krieger dich dorthin mitnimmt."

Sétanta dachte nicht daran zu warten. Zu viel hatte er schon gehört von den Kriegern des Roten Zweigs und ihrem Ruhm am Hof des Königs. Und so nahm er seine Spielwaffen – den kleinen Wurfspeer, die Schleuderpfeile und den Hurlingschläger mit der kleinen silbernen Kugel – und machte sich heimlich mitten in der Nacht auf den Weg nach Emain Macha.

Nach langer Wanderschaft ragte endlich die Königsburg vor ihm auf. Um zu ihr zu gelangen, musste Sétanta den Platz überqueren, auf dem die Knaben von Ulster sich an den Waffen übten und Hurling spielten. Auch jetzt waren die Knaben, fünfzig an der Zahl, hier versammelt und lauschten aufmerksam den Lehren ihres Meisters Folloman, des Sohns des Königs Conchobar. Sétanta blieb am Rande stehen und begann, ganz beiläufig ein paar kleine Kunststücke mit seinem Hurlingschläger und dem kleinen Silberball zu zeigen. Schon bald sahen alle ihm zu, Folloman war vergessen. Da wurde der Meister wütend und rief: „Und wenn es sein Tod ist, werft euch auf ihn. Der fremde

Junge hat den Bann dieses Platzes gebrochen, niemand darf es wagen, eure Übungen zu stören!“

Sofort gehorchten die Knaben dem Befehl und stürmten, alle fünfzig, auf Sétanta los. Speere flogen ihm entgegen, Hurlingbälle und Schläger. Doch er wehrte den Angriff ab, mühelos und mit leichter Hand. Bald lagen die anderen Jungen am Boden.

„Warum hast du das getan?“, stellte der König Sétanta zur Rede, als er von dem Geschehen Kenntnis erhalten hatte. – „Weil“, sagte der kleine Sétanta frech, „sie mir nicht die Ehre erwiesen haben, die mir, dem Neffen des Königs von Ulster, gebührt.“ Da lächelte König Conchobar und erlaubte Sétanta zu bleiben.

Einige Tage später bekam der König eine Einladung: Culann, der Schmied, gab ein großes Fest, mit allen Edlen von Ulster. Der König nahm an und machte sich auf den Weg. Unterwegs sah er Sétanta und die jungen Krieger wieder einmal beim Hurlingspiel. Da rief er seinen Neffen, den er lieb gewonnen hatte, zu sich, und fragte ihn, ob er mitkommen wolle zu dem großen Fest des Culann. „Gern, Onkel“, sagte Sétanta, „doch gerade spiele ich allein gegen alle, und ich möchte das Spiel zuvor noch beenden. Ich komme dann einfach später dazu.“ Und so zog der König allein zu Culann.

Als Sétanta das Spiel gewonnen hatte, folgte er ihm zu dem Fest des Schmieds. Doch man hatte ihn vergessen. Culann hatte den Hund losgelassen, der die Feiernden bewachen sollte. Es war eine gewaltige Bestie, ein riesiger Wolfshund, der Sétanta nun gegenüberstand, knurrend und bellend und Zähne fletschend. Drohend riss er den Rachen auf, bereit, den kleinen Sétanta zu zerfleischen. Doch der nahm seine Hurlingkugel und schleuderte sie dem Hund in den Rachen. Am anderen Ende kam sie heraus, mitsamt den Innereien. Was von dem Hund noch übrig war, packte Sétanta, schlug es gegen einen Pfeiler, und der Hund fiel in zwei Teilen zu Boden.

Schon kamen die Feiernden angelaufen, voran der König Conchobar; er hatte das Heulen des Hundes gehört und sein Neffe war ihm eingefallen. Er wähnte ihn tot in den Fängen der Bestie. Umso erstaunter war er, Sétanta heil und den Hund erschlagen vorzufinden. Nun klagte der Schmied über seinen Verlust – wer sollte ihm diesen Wachhund ersetzen? In ganz Ulster gab es kein Tier wie dieses, keinen so wilden und mutigen Hund. Wer sollte sein Hab und Gut fortan schützen?

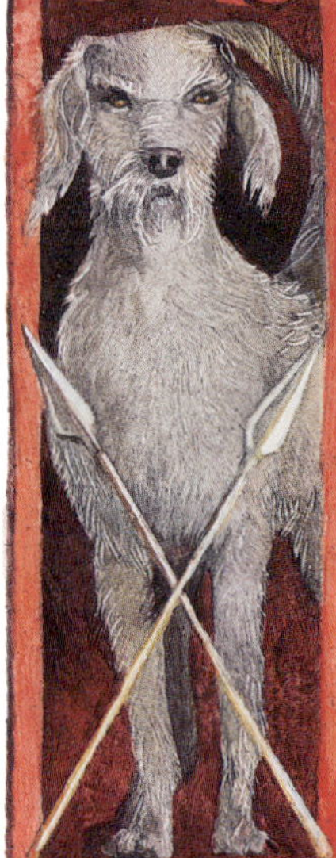

Da meldete sich Sétanta zu Wort: „Meister Culann“, sagte er, „lasst mich einen Vorschlag machen. Da ich den Hund getötet habe, werde ich, bis ein Ersatz für Euren Hund gefunden ist, vielleicht einer seiner Welpen, seine Aufgabe übernehmen und Euer Hab und Gut bewachen. Ich will der Hund des Culann sein.“

Die Männer waren sehr verwundert über den weisen Vorschlag des Knaben und sie stimmten sofort zu. „So soll es sein“, sagte der König, voller Stolz auf seinen Neffen. Und der Druide Cathbad sprach: „Wir hätten kein besseres Urteil fällen können. Daher soll Sétanta nun auch einen neuen Namen erhalten, der eines künftigen Kriegers würdig ist: Er soll von nun an Cú Chulainn, Hund des Culann, heißen. So wird man ihn mit Ehrfurcht nennen, in ganz Erinn und Alba.“

Sétanta war nicht einverstanden: „Mein Name soll Sétanta bleiben“, beharrte er. Doch der Druide widersprach: „Nein, mein Kleiner. Glaube mir. Cú Chulainn wird der Name eines mächtigen Helden sein. Als Cú Chulainn wirst du viele siegreiche Schlachten führen und dir großen Ruhm erwerben. Nur eines musst du immer bedenken: Iss niemals das Fleisch eines Hundes. Das wird dir zum Verhängnis werden. Und sieh zu, dass du nie eine Einladung ablehnst.“ Sétanta sah, dass der Druide die Wahrheit sprach, und nahm den neuen Namen an.

Eine Weile hatte Sétanta, der nun Cú Chulainn hieß, bei seinem Onkel gelebt, als ihn eine große Unruhe überkam, und er forderte von König Conchobar die Waffen eines Kriegers. Doch alle Waffen, die man ihm reichte, hielten ihm nicht stand; sie zerbrachen in seinen kräftigen Händen. Erst als der König dem Knaben sein eigenes Schwert, seinen Schild und zwei seiner Speere gab, blieben sie heil – nun war Cú Chulainn bewaffnet wie ein Krieger.

Sogleich nahm er den Streitwagen des Königs sowie dessen Lenker und fuhr an die Grenze von Ulster, um dort die Wache zu übernehmen. Da fiel sein Blick auf eine stolze Hügelfestung jenseits der Grenze. „Sag“, sprach er zu Ibar, dem Wagenlenker, „ist das nicht die Festung der Söhne der Necht? Die damit prahlen, sie hätten mehr Männer von Ulster erschlagen, als noch am Leben wären?“ – „Ja“, sagte der Wagenlenker, „so ist es.“ – „Dann“, sagte Cú Chulainn, „ist es an der Zeit, sie dafür zu strafen.“ Und er befahl, am nächsten Morgen zur Festung zu fahren.

Noch in der Nacht erschien Foill, einer der Söhne der Necht, und stellte sie zur Rede, weil sie die Grenze überschritten hatten. Doch Cú Chulainn verspottete ihn als Feigling: „Du trägst ja nicht einmal Waffen! Mit Unbewaffneten, Wagenlenkern und Knechten kämpfe ich nicht.“ Da eilte Foill zornig davon, um sich zu bewaffnen.

Ibar war zutiefst erschrocken. „Das ist unser Ende“, sagte er zu Cú Chulainn. „Weder Spitzen noch Schneiden können Foill Schaden zufügen.“ – „Dann werde ich ihn anders bezwingen“, entgegnete Cú Chulainn ruhig. Er war bereit für den Kampf.

Als Foill zurückkehrte, legte Cú Chulainn einen eisernen Apfel in die Schlinge seines Schleuderstabs. Mit durchschlagenem Schädel sank Foill ins Gras. Schon kam sein Bruder, Tuachall, angelaufen. Ihn konnte man nur mit dem ersten Hieb töten. Gelang das nicht, war er unbesiegbar. Mühelos stieß ihm Cú Chulainn die Giftlanze Conchobars durch den Schild mitten ins Herz. Fandla, der dritte Sohn der Necht, forderte nun Cú Chulainn heraus, im Wasser mit ihm zu kämpfen. Kaum nass geworden, trennte ihm Cú Chulainn mit dem Schwert den Kopf vom Hals.

Wie ein Sturmwind fuhr er nun durch Ulster, rasend vom Blut der Feinde, ihre Köpfe an seinem Wagen baumelnd. Die Krieger der Königsburg sahen ihn kommen und Furcht überfiel sie: Im Blutrausch kannte er weder Freund noch Feind. Sie mussten den Rasenden bändigen, sonst würde er sie alle töten. Und so wählten sie ein bewährtes Mittel: Sie schickten dem rasenden Knaben drei Mal fünfzig nackte Frauen entgegen, die sich ihm zeigten. Da befiel Cú Chulainn Scham und er senkte den Blick auf den Boden des Wagens. So gelang es den Kriegern, ihn zu greifen. Nun tauchten sie ihn in ein Fass kaltes Wasser, doch die eisernen Reifen zersprangen durch die Hitze des Knaben. Auch ein zweites Fass brachte er zum Kochen. Erst im dritten Fass kühlte er sich ab, sodass sie ihn schön kleiden und zum König bringen konnten. Nun gehörte er zu dessen Kriegern.

Wie von Cathbad, dem Druiden, verheißen, erwarb sich Cú Chulainn großen Ruhm in vielen Schlachten. Scáthach, die große Kriegerin, lehrte ihn die höhere Kampfkunst. Er liebte viele schöne Frauen, Feen und Kriegerinnen, vor allem aber Emer, die Tochter Forgalls des Ränkevollen. Nie brach er die beiden *geis*, die Tabus, die ihm auferlegt waren: Er aß kein Hundefleisch und er nahm jede Einladung an. Bis zu jenem verhängnisvollen Tag, der sein Leben beschloss. Doch davon soll an anderer Stelle erzählt werden.

DIE RELIGION DER KELTEN

Im Dienst der Großen Mutter: die keltischen Götter

Der walisische und der irische Name für die Große Mutter, Dôn und Dana, haben wahrscheinlich die gleiche sprachliche Wurzel wie die Namen großer Flüsse: Don, Donau, Dnjepr. Die Bedeutung ist nicht geklärt.

Darüber, dass die Kelten schon sehr früh Götter und Göttinnen verehrten, besteht kein Zweifel: Der Wortstamm *devo* oder *divo* ist in allen keltischen Sprachen gut bezeugt. Schwieriger ist es, die Namen und Aufgaben der einzelnen Götter herauszufinden, denn es gibt kaum schriftliche Zeugnisse oder Bilddarstellungen. Zudem hatte jeder Stamm seine eigenen Gottheiten. Dennoch lässt sich aus dem vorhandenen Quellenmaterial und durch den Vergleich mit anderen indoeuropäischen Kulturen erschließen, zu welchen Göttern die Kelten beteten.

Die keltischen Stämme verehrten als Erbe steinzeitlicher Kulte eine Muttergottheit. Wie in allen Kulturen der Frühgeschichte galt das weibliche Prinzip als das schöpferische und weibliche Gottheiten wurden als Spenderinnen von Erntesegen und Fruchtbarkeit betrachtet. Lange Zeit waren sich die Menschen der Bedeutung des männlichen Beitrags im Spiel des Lebens gar nicht bewusst. Dementsprechend traten männliche Götter bei den Kelten anfangs auch nur in Nebenrollen, als Helfer oder Geliebte der Muttergöttin, in Erscheinung. Wahrscheinlich änderte sich das erst, als die Kelten die Götterwelt der Griechen und Römer kennenlernten – sie mag das Vorbild für ihre eigenen männlichen Götter geliefert haben.

Die Große Mutter hatte, je nach Region, viele Namen. Die Gallier nannten sie Rigani, „Königin“, in Nordengland hieß sie Brigantia, in Wales Dôn, in Irland Brigit, Anu, Ana, Danu oder Dana. Unter diesem Namen wurde sie als Urmutter des irischen Volkes verehrt, dessen Vorfahren Tuatha Dé Danann, die

„Stämme der Göttin Dana", genannt wurden. Sehr häufig wurden die Muttergöttinnen auf Reliefs als sitzende Dreiergruppe dargestellt, oft auch als Tricephalos, ein Kopf mit drei Gesichtern. Die Drei war offenbar bei den Kelten, wie später bei den Christen in Form der göttlichen Dreifaltigkeit, der Einheit von Vater, Sohn und Heiliger Geist, eine heilige Zahl. Sie kann unterschiedlich gedeutet werden: als drei Aspekte der Muttergöttin – Licht, Fruchtbarkeit und Heil – oder als die drei Lebensphasen, Geburt, Tod und Wiedergeburt. Grundsätzlich galt die Drei in vielen Kulturen als heilig oder magisch, weil sie symbolisch für „das Ganze", für Vollkommenheit steht: Sie ist Anfang, Mitte und Ende und verbindet Gegensätze. Diese Vorstellung scheint gerade die Kelten ganz besonders fasziniert zu haben, denn sie stellten bald nicht mehr nur die Große Mutter als Dreiheit dar, sondern eine Vielzahl von Göttern, Dämonen und mythischen Gestalten: Die irische Kriegsdämonin Morrígain konnte auch als Bodb oder Macha erscheinen, Banba, Fótla und Ériu waren gemeinsam die Verkörperung der „Mutter Irland", ihre drei Ehemänner Mac Cuill, Mac Cécht und Mac Gréine handelten zusammen als ein König. Es entstand die keltische Triade, die Dreiheit, die im Lauf der Zeit zu einem Sinnbild für alles wurde, was heilig oder übernatürlich war.

Neben der Großen Mutter gab es andere weibliche Gottheiten, die immer auch einen mütterlichen Aspekt, aber zudem besondere Aufgaben hatten. Epona etwa war für den Schutz der in der keltischen Kultur so wertvollen Pferde zuständig. In engem Zusammenhang mit ihr steht Rigantona oder Rhiannon, die „große göttliche Königin"; sie ist jedoch eher eine mythi-

sche Gestalt als eine Gottheit (wobei die Grenzen dazwischen fließend sind). Im *Mabinogion,* einem walisischen Mythenzyklus, erscheint sie auf einem Zauberpferd reitend und in ein strahlendes Gewand aus Goldbrokat gekleidet. Kein irdisches Pferd kann ihres überholen und ein Schwarm magischer Vögel begleitet sie.

Zu dem schützenden und Leben spendenden Aspekt des Weiblichen gehörte auch eine dunkle Seite, eine zerstörerische Kraft. Ein besonders eindrucksvolles Beispiel hierfür ist die bereits erwähnte Morrígain oder Morrígu, eine Dämonin oder Göttin des Krieges. Bereits ihr Name kennzeichnet sie als ein mächtiges Geschöpf der Finsternis: *Mor* ist vermutlich mit dem mittelhochdeutschen Wort *mar* für „Nachtgespenst", „Nachtmahr", verwandt, *rígain* bedeutet im Altirischen „Königin" – die Morrígain ist also eine „Königin der Nachtmahre". Diesem Namen macht sie alle Ehre: Wo immer sie auftaucht, von Raben und Krähen begleitet, bringt sie Tod und Verderben. Sie kann ihre Gestalt verändern, erscheint den Menschen mal als runzliges altes Weib oder als schöne junge Frau, mal als Wölfin, als junge Kuh, als Aal oder, auf dem Schlachtfeld, als Krähe. Weil sie stets Kriege anzettelt, wird sie manchmal mit Brustpanzer, Speer und Helm dargestellt.

Das männliche Gegenstück der Großen Mutter hielt vermutlich erst lange nach ihr Einzug in die keltische Götterwelt. In den frühesten Quellen wird sein keltischer Name nicht genannt. Cäsar setzt ihn mit dem römischen Dis Pater, dem Gott des Reichtums und der Unterwelt, gleich und berichtet, es sei eine druidische Lehre, dass alle Gallier von diesem Gott abstammten. Möglicherweise bezieht sich Cäsar auf die keltischen Götter Sucellus, dessen Hammer ihn in die Nähe des germanischen Thor oder Donar rückt, oder Smertrius, einer Art Herkulesgestalt, vielleicht auch auf Cernunnos, den Gott mit dem stattlichen Hirschgeweih, aber genau wissen wir das nicht. Letzterer wurde als Erneuerer verehrt, denn wie das Geweih eines Hirschs in jedem Frühjahr neu zu sprießen beginnt, erweckte Cernunnos die Lebenskraft von Pflanze, Tier und Mensch immer wieder neu.

Besser belegt als der „keltische Dis Pater“ ist der irische Donn (nicht zu verwechseln mit dem gleichnamigen Stier im *Rinderraub von Cooley*), der Gott der Ahnen, ebenso wie der Dagda, der mächtige Fürst der Anderswelt, der dem römischen Jupiter vergleichbar ist. Dargestellt wird der Dagda als Riese mit einer gewaltigen, magischen Keule in der Hand. Mit ihr konnte er Lebende ins Jenseits befördern und, die weitaus größere Kunst, Tote wieder zum Leben erwecken.

Hegte ein Kelte – berechtigte! – Rachegelüste, rief er den Taranis an, den Gott des Wetters und des Donners. Seine Zeichen waren Rad und Donnerkeil. Damit erinnert auch er an den Donar der Germanen. Mit ihm ist er sogar namentlich verwandt.

Beim Teutates! Natürlich muss auch der dank Asterix bekannteste Gott der Kelten erwähnt werden. Sein Name bedeutet wahrscheinlich so viel wie Stammvater und er wurde von Britannien bis Österreich verehrt. Teutates' Aufgaben waren ebenso vielfältig wie widersprüchlich: Zum einen war er ein Schutzgott, ein väterlicher Anführer in Krieg und Frieden, und wenn man Hilfe bei Bündnissen brauchte, war er die richtige Adresse. Zum anderen war er ein Kriegsgott, möglicherweise die keltische Entsprechung des römischen Mars, und der Geschichtsschreiber Lukan berichtet von grausigen Menschenopfern, die man diesem Kriegstreiber habe darbringen müssen. Teutates' Funktion als Kriegsgott wird dadurch unterstrichen, dass er oft in Begleitung eines wilden Ebers dargestellt wird.

Macht über die Seele des Feindes: der Kopfkult

Die Köpfe der gefallenen Feinde hauen sie ab und binden sie ihren Pferden um den Hals; die blutige Rüstung geben sie ihren Dienern und lassen sie unter Jubelgeschrei und Siegesliedern zur Schau tragen. Zu Hause nageln sie diese Ehrenzeichen an die Wand, gerade als hätten sie auf der Jagd ein Wild erlegt." So beschreibt Diodoros von Sizilien, ein griechischer Historiker, im 1. Jahrhundert v. Chr. den keltischen Kopfkult. Wie andere antike Geschichtsschreiber des Mittelmeerraums, etwa Strabon oder Poseidonios, zeigt auch er sich angeekelt von dieser keltischen Sitte. Schaudernd berichtet er weiter, wie die Köpfe besonders mächtiger, hochrangiger Feinde sorgsam in Zedernöl einbalsamiert und in hölzernen Kästchen aufbewahrt wurden; so konnte man sie voller Stolz seinen Gästen präsentieren und sich dafür bewundern lassen.

Was steckte dahinter? Was trieb die Kelten zu diesem Kult, der in den Augen der Griechen und Römer der Gipfel der Barbarei war? Ganz einfach: Die Kelten verehrten den Kopf als Sitz der Seele. Damit besaß er eine besondere Anziehungskraft, eine große Macht und eine fast göttliche Würde. Doch wer sich des Kopfes seines Feindes bemächtigte, hielt nicht nur dessen Seele in den Händen, sondern auch dessen gesamte Kraft, die er nun zum Schutz seines Hauses verwenden konnte: Manch erbeuteter Kopf wurde über der Haustür angebracht oder zum Schutz der ganzen Dorfgemeinschaft über dem Tor des Dorfes. Ferner war es gut, die Kontrolle über den Kopf eines Feindes zu behalten, denn das verhinderte eine baldige Wiedergeburt – man wollte ja nicht, dass der Besiegte bald schon wieder Unruhe in das Leben des Siegers brachte.

Manche Schädel, die man bei Ausgrabungen fand, wiesen Löcher auf, was vermuten lässt, dass man sie als Talisman trug, andere waren von den unzähligen Händen, die sie im Lauf der Jahre gehalten hatten, fast glatt poliert.

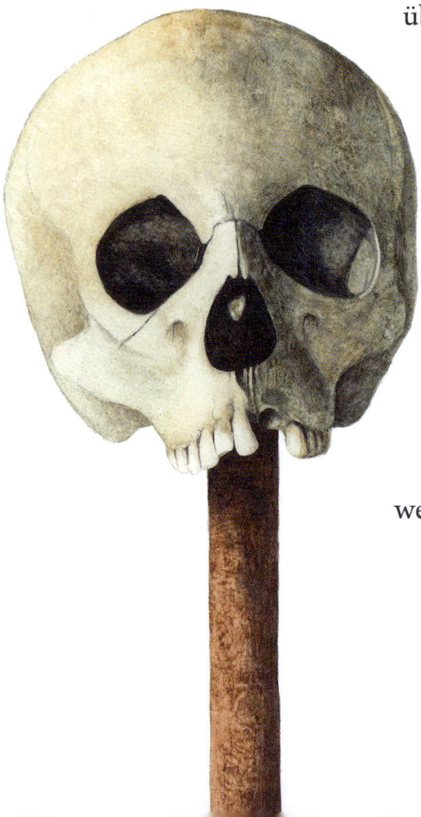

Es liegt nahe, dass Köpfe auch als Opfergaben und Tempelschmuck verwendet wurden. Oft schnitt man sie auf und füllte sie mit Gold, was sie zu ei-

nem Trinkgefäß werden ließ. In manchen Kultbezirken gab es steinerne Stelen mit eingelassenen Nischen, die mit Schädeln bestückt wurden – das beste Beispiel dafür ist die berühmte Stele von Roquepertuse in Südfrankreich.

Hunderte von Artefakten zeugen noch heute von der Bedeutung des Kopfes im keltischen Glauben. Darstellungen von Köpfen finden sich in Stein gehauen und auf dekorativen Beschlägen für Pferdegeschirre oder Gürtel. Bis ins frühe Mittelalter schmückte man sogar christliche Kirchen, vor allem in Britannien und Irland, mit Kopfplastiken: kaum eine, die nicht Wasserspeier in Kopfform besitzt oder wo kein Gesicht die Säulen oder Kragstücke ziert.

Die Anderswelt: das Jenseits der Kelten

Die jeweilige Vorstellung der Anderswelt hatte auch damit zu tun, wo ein Keltenstamm lebte: Die Stämme an der Küste glaubten an magische Inseln im Ozean, die Stämme in Gebirgsnähe an Zauberhöhlen in Bergmassiven.

Für die Kelten gab es keinen Grund, sich vor dem Tod zu fürchten – er bedeutete nicht das Ende, sondern war der Übergang in ein anderes Leben, der Weg in eine andere Welt.

Die frühesten Zeugnisse des keltischen Jenseitsglaubens sind die prunkvollen Fürstengräber. Daraus, dass dem Verstorbenen Speise- und Trinkgeschirr sowie allerlei Gebrauchsgegenstände mit ins Grab gegeben wurden, lässt sich folgern, dass sich die Kelten der Hallstattzeit das Jenseits als Fortsetzung des Diesseits dachten. Möglicherweise stellten sie es sich als eine große Feier vor.

Cäsar hingegen schreibt, dass die Druiden eine Lehre verbreiteten, nach der die unsterbliche Seele nach dem Tod von einem Körper in einen anderen übergehe, und auch Diodoros von Sizilien berichtet über keltische Vorstellungen von einer Seelenwanderung. Es wäre naheliegend, dass die Kelten an eine Wiedergeburt glaubten, denn sie beobachteten die Natur sehr genau und bemerkten den Wechsel der Jahreszeiten und den Kreislauf des Werdens und Vergehens. Sicher betrachteten sie den Menschen als einen Teil dieses Kreislaufs.

Was also glaubten die Kelten – dass ihre Seele in einem neuen Körper ein neues irdisches Leben beginnen oder dass sie in ein Jenseits, ein Totenreich, eingehen und dort bis in alle Ewigkeit feiern würde? Ein bisschen von beidem, vielleicht. Die Inselkelten kannten eine „Welt der Geister", von den Iren *síd,* von den Walisern *Annwfn* genannt, in der die Verstorbenen weiterlebten. Der Römer Lukan bezeichnet diesen Ort der Geister mit *orbis alius,* was man mit „andere Gegend (dieser Welt)", „andere Welt" oder „Anderswelt" übersetzen könnte. An diesem Begriff wird bereits deutlich, dass es sich bei der Anderswelt nicht um ein entrücktes Jenseits oder einen Hades, ein Totenreich wie bei den Griechen und anderen antiken Völkern, handelte, sondern um einen Ort im Hier und Jetzt, um eine andere Welt inmitten unserer Welt.

Die Grenzen zwischen diesen Welten waren fließend. So waren die Toten den Lebenden sehr nah. Es war sogar möglich, die Grenzen zu überschreiten (in beide Richtungen!), und zwar zu besonderen Zeiten und an besonderen Orten. Diese Orte konnten vielerlei Gestalt haben. Ein See, ein Teich, eine Höhle, ein Hügel, eine Insel – sie alle waren möglicherweise ein Tor zur Anderswelt. Selbst ein plötzlicher Wind oder ein Nebelschleier konnte bewirken, dass die Grenze von dieser zur anderen Welt aufgehoben wurde. Und zwei Mal im Jahr, an Beltaine (in der Nacht zum 1. Mai) und an Samhain (in der Nacht zum 1. November), standen die Grenzen ohnehin offen und die Geister besuchten die Welt der Lebenden. Ein Erbe dieses Glaubens ist das katholische Allerheiligenfest (auf Englisch: Halloween).

Für einen Lebenden war es sehr gefährlich, in die Anderswelt zu geraten. Davon berichten viele inselkeltische Sagen. Zunächst einmal sollte er die Einladung eines Andersweltbewohners erhalten haben, denn nur dann konnte er die Anderswelt lebend verlassen. Dabei bestand die Gefahr nicht so sehr darin, dass der Besucher Opfer von Monstern, Hexen oder bösen Geistern wurde, sondern dass er schlicht und einfach die Zeit vergaß. In der Anderswelt verlor er jedes Zeitgefühl, und so konnte es geschehen, dass der Besucher bei seiner Rückkehr in die Welt der Lebenden feststellen musste, dass seine Zeit längst abgelaufen war – und er augenblicklich zu Staub zerfiel. Blieb er am Leben, hatte diese besondere Form der Zeitverschiebung, gewissermaßen die keltische Variante des Jetlag, zur Folge, dass er selbst zwar kaum gealtert war, er die Welt, in die er zurückkehrte, aber nicht mehr wiedererkannte und seine Freunde und Verwandten schon lange zuvor verstorben waren.

Die Anderswelt war weder Himmel noch Hölle. Neuankömmlinge, deren Zeit gekommen war, wurden in der Regel freundlich aufgenommen. Von alten Freunden und Bekannten erwartet, trat man ein in eine lebensfrohe Welt der Feste, Jagden und kleinen Streitereien – alles wie im vertrauten Alltag. Dazu gehörte allerdings auch das Böse: In der Anderswelt trieben üble Schurken und Monster ihr Unwesen, zettelten Kriege an und führten blutige Schlachten.

Die Morrígain, die finstere irische Schlachtendämonin, hat als Morgane die Fee in die walisische Artussage Einzug gehalten. Hier herrscht sie als „Dame vom See" über die Anderswelt Avalon.

Streng genommen war die Anderswelt nicht nur eine Welt: Sie war in verschiedene Welten oder Länder unterteilt. Die Iren kannten unter anderem Tír na n-Óg, das Land der ewigen Jugend, in dem es keine Krankheit und keinen Tod gab, Tír Tairngiri, das Land der Verheißung, in dem paradiesische Zustände herrschten, und Tír na mBan, das Land der Frauen. Zu der walisischen Anderswelt gehörte Ynys Afallach, die Apfelinsel: das Avalon der Artussage.

Wie im diesseitigen Leben der Kelten herrschte auch in der Anderswelt eine strenge Hierarchie. Es gab Fürstenhöfe, Handwerker und Bauern, genau wie in der irdischen Gesellschaft. Über allen und allem thronte der Dagda, der „gute Gott", Fürst der Anderswelt und Hüter des Kessels der Fülle, aus dem alle satt wurden. Und hier begegnen sich die Vorstellung von der Anderswelt und der Wiedergeburt: Vielleicht war die Welt des Dagda nur eine Zwischenstation, ein Ort der Erholung und Verjüngung, den man wieder verließ, wenn die Zeit reif war, um ein neues, irdisches Leben in einem neuen Körper zu beginnen?

Die Schwanenkinder des Lir

Wieder einmal war ein Jahr vergangen, und die Edlen kamen aus ganz Erinn zusammen, um miteinander zu beraten. Seit vielen Jahren schon suchten sie, Erinn die vielen Grenzen zu nehmen, und fragten sich, ob es nicht besser sei, wenn statt der vielen Fürsten und Kleinkönige ein Hochkönig über die Insel herrsche. In diesem Jahr nun trafen sie den Beschluss, dass es in Zukunft so sein sollte, und sie nahmen fünf Fürsten, die großes Ansehen genossen, in die engere Wahl: Bodb Derg, Oengus von Brug na Bóinne, Illbrec von Easroy, Midir den Stolzen von Bri Leith und Lir aus dem Hause Finnacaid. Alle fünf wären es wert gewesen, Hochkönig von Erinn zu sein. Schließlich fiel die Wahl der Fürsten auf Bodb Derg, den Sohn des Dagda, des gütigen Herrschers der Anderswelt.

Bodb Derg nahm die Wahl an, und Oengus, Illbrec und Midir beglückwünschten ihn auf das Herzlichste. Lir jedoch machte, als er das Ergebnis der Wahl vernahm, grußlos auf dem Absatz kehrt, verließ den Ort der Versammlung und begab sich grollend auf den Heimweg nach Finnacaid.

Die Fürsten fürchteten seinen Zorn. „Er wird sich rächen wollen", meinten sie, „wir müssen sein Haus niederbrennen." Doch Bodb Derg, Sohn des Dagda und neuer Hochkönig von Erinn, widersprach. „Ich will kein Blutvergießen", sagte er. „Viele von euch würden dabei ums Leben kommen. Und ob Lir sich fügt oder nicht – ich bleibe König über das Volk der göttlichen Mutter Dana. Daran kann er nichts ändern."

So ließen die Edlen von Erinn den Lir in Ruhe. Er aber lebte zurückgezogen und hegte seinen Groll. Als eines Tages seine Frau starb, ganz plötzlich nach kurzem Krankenlager, verfiel er in noch tiefere Bitterkeit. Davon hörte Bodb Derg, der Hochkönig, und da er an jedem Kummer in seinem Land Anteil nahm, rührte ihn auch das Leid des Lir, und er beschloss, ihm zu helfen. Um die Einsamkeit des verbitterten Lir zu lindern, sandte Bodb Derg einen Boten zu ihm: Lir solle zu ihm kommen und sich eine der drei Ziehtöchter, die sich in seiner Obhut befanden, als neue Gemahlin erwählen. Alle drei, Aebh,

Aoife und Albhe, waren wunderschön, und der König liebte sie, als wären es seine leiblichen Töchter.

Lir sah, dass er das Angebot nicht ausschlagen konnte, und so reiste er an den Königshof zu Bodb Derg. Angesichts der drei reizenden Mädchen überwand er seinen alten Groll, und da man ihn gut bewirtet hatte, begrub er die alte Feindschaft und vergaß Neid und Missgunst, nun, wo er sich mit dem Hochkönig verschwägern würde. Nach kurzem Zögern – denn die Mädchen waren wirklich alle drei von außergewöhnlicher Schönheit, wie sie da auf dem Bett der Königin im Haus der Frauen ruhten – entschied sich Lir für Aebh, die älteste Ziehtochter des Königs. „Sie passt am besten zu mir“, sagte er, und da auch Aebh einverstanden war, teilten sie noch in derselben Nacht das Lager miteinander, und nachdem sie noch einige Zeit die Gastfreundschaft des guten Königs genossen hatten, reisten sie nach Finnacaid, dem Gut des Lir, und feierten dort eine große Hochzeit.

Es dauerte kein Jahr, da schenkte die schöne Aebh dem Lir ein Zwillingspaar. Das Mädchen nannten sie Fionnuala, der Junge wurde Aed geheißen. Im nächsten Jahr folgten wieder Zwillinge, zwei Jungen, Fiachra und Conn. Doch kaum hatten die beiden das Licht der Welt erblickt, da hauchte ihre Mutter, die schöne Aebh, ihr Leben aus.

Tief war der Schmerz des armen Lir über diesen neuerlichen schweren Verlust, und nur die Liebe zu seinen vier Kindern hielt seinen Lebenswillen aufrecht. Wieder war Bodb Derg, der König, sehr berührt, als er von Aebhs Tod erfuhr, und wieder fühlte er tiefes Mitleid mit dem vom Schicksal geschlagenen Lir. Um dem armen Lir Trost zu schenken, bot er ihm nun seine zweite Ziehtochter, Aebhs Schwester Aoife, als Gemahlin an. Lir war dankbar, und so wurde Aoife seine Frau.

Zunächst waren sie alle glücklich. Doch die Kinder der Aebh wuchsen heran, und sie wurden immer schöner. Jeder liebte sie, und sie wurden von allen verwöhnt und verhätschelt. Bodb Derg, der König, war häufig zu Gast bei Lir, nur um bei Aebhs schönen Kindern zu sein, und er überschüttete sie mit Zuneigung. Lir selbst lachte und scherzte viel mit ihnen, sie waren das Liebste, was er hatte. Mit Freuden las er ihnen jeden Wunsch von den Augen ab und tat sein Bestes, ihn zu erfüllen.

Aoife tat es weh, das mitanzusehen. Mit wachsender Eifersucht beobachtete sie, wie den Kindern ihrer Schwester alle Herzen zuflogen. Sie selbst aber stand abseits, von

niemandem beachtet. Die Eifersucht machte sie alsbald zänkisch und boshaft, so dass auch Lir sich von ihr zurückzog. Und so beschloss sie eines Tages, bitter und krank vor Missgunst, die Kinder ihrer Schwester zu töten.

An einem sonnigen, warmen Tag ließ sie den Wagen anspannen und lud die vier zu einer Spazierfahrt ein. Während einer Rast nahm Aoife ihren Diener beiseite und trug ihm auf, die Kinder zu töten. Doch der widersetzte sich dem Befehl auf das Heftigste. Da griff Aoife selbst zu ihrem Schwert ... und steckte es wieder in die Scheide. Sie brachte es nicht fertig, die schönen Kinder zu erschlagen. Und so setzten sie die Spazierfahrt fort.

Am Ufer des Loch Dairbhreach, des Sees der Bunten Eichen, rasteten sie erneut. Und diesmal nutzte Aoife die Gelegenheit: Als sie mit den Kindern auf den See hinausschwamm, nahm sie, die in der Kunst der Magie bewandert war, heimlich ihre Zaubergerte mit. Damit schlug sie die Kinder, mitten auf dem See, und verwandelte sie in vier prächtige, schneeweiße Schwäne. „Die nächsten dreihundert Jahre", rief sie ihnen zu, „sollt ihr vor dem Mull of Kintyre zwischen Erinn und Alba umhertreiben, sturmumtost und wassergepeitscht. Weitere dreihundert Jahre werdet ihr auf dem Iorrus Domnann in der Irischen See Einsamkeit leiden. Und noch einmal dreihundert Jahre sollt ihr auf Inis Gluaire trostlos darben. Dann erst wird der König des Nordens die Königin des Südens heimführen und ihr werdet erlöst, Geschwister des Unheils!"

Aoife reiste nun weiter zu ihrem Ziehvater, Bodb Derg. Sie erzählte ihm, Lir wolle ihm die Kinder nicht mehr überlassen, die alte Feindschaft sei wieder entflammt. Doch Bodb Derg glaubte ihr nicht und sandte Lir eine Nachricht. Der ahnte sofort, dass seinen Kindern ein Leid geschehen war, und er machte sich auf den Weg zu Bodb Derg. Am Ufer des Loch Dairbhreach hielt er inne, als er vier prächtige Schwäne bemerkte. Großes Erstaunen befiel ihn, als einer der Schwäne auf ihn zuschwamm und zu ihm sprach: „Sei gegrüßt, Fürst von Finnacaid! Wir sind es, Vater, deine vier Kinder. Dein böses Weib Aoife hat uns verzaubert, und niemand vermag uns zu helfen; der Zauber ist zu stark. Erst nach drei Mal dreihundert Jahren werden wir Erlösung finden." Da brach Lir in tiefem Schmerz in lautes Wehklagen aus, und mit ihm das ganze Gefolge. Doch bevor er von seinen verzauberten Kindern Abschied nahm, sprach er zu ihnen: „Es stimmt, Aoifes Zauber kann ich nicht brechen. Aber ich kann euch die Gabe des süßen Gesangs verleihen. Mit ihm sollt ihr den Menschen heilsamen Schlaf und Trost spenden." Und so geschah es.

Lir aber eilte nun zu König Bodb Derg und brachte ihm die schlimme Kunde. Sofort rief der König seine Ziehtochter zu sich und stellte sie zur Rede. Er zweifelte nicht an ihrer Schuld, und so sprach er zu ihr: „Aoife, du hast den unschuldigen Kindern des Lir ein schreckliches Schicksal bereitet. Doch eines Tages werden sie erlöst, wenn die Liebe eines Menschenpaares deinen Hass und deine Bosheit besiegt. Du aber sollst nie mehr Erlösung finden." Damit schlug er Aoife mit seiner Zaubergerte und verwandelte sie in einen grauen Dämon der Lüfte. Heulend wie ein garstiger Sturmwind entwich sie der Königsburg, und so lebt sie bis heute.

Doch auch wenn Aoife ihre Strafe bekam, konnten die Kinder des Lir ihrem Schicksal nicht entrinnen. Zum Abschied sangen sie für Bodb Derg und Lir ein wunderbares, trauriges Lied; wie im Traum lauschten ihnen die Menschen am Ufer des Sees der Bunten Eichen. Bis ein wütender Wind das Wasser peitschte und die schönen Schwäne vertrieb.

Man will sie gesehen haben, hin und wieder. Seefahrer erzählen von einem Schwanenweibchen, das drei männliche Schwäne unter seinen Fittichen schützt, vor den tosenden Stürmen der Irischen See, auf einem kargen Felsen sitzend. Vielleicht Fionnuala mit ihren Brüdern.

Die Bewohner Erinns aber trauerten sehr, dass die vier schönen Kinder nicht mehr bei ihnen waren. In ihrer Trauer beschlossen sie, ein Gesetz zu erlassen: Nie wieder, sagten sie, dürfe in Erinn ein Schwan getötet werden. Damit wollten sie der Schwanenkinder des Lir für alle Zeiten gedenken. Und tatsächlich gilt dieses Gesetz noch heute. Und vielleicht ist der Tag nicht mehr fern, an dem sie erlöst werden – wenn die Frau aus dem Süden und der Mann aus dem Norden sich in Liebe vereinigt haben, in Fleisch und Geist, für alle Ewigkeit.

IRLAND

Das keltische Erbe

Irland hatte das Glück, von der römischen Eroberung verschont zu bleiben – böse Zungen behaupten, den Römern sei es dort einfach zu kalt und unwirtlich gewesen. Das ist wenig schmeichelhaft, hatte aber sein Gutes: Irland konnte seine keltische Tradition viel länger unbehelligt pflegen als alle anderen keltischen Gebiete.

Ab dem 5., vielleicht auch erst ab dem 3. Jahrhundert v. Chr. waren keltische Stämme nach Irland eingewandert und hatten sich nach und nach mit der einheimischen Bevölkerung vermischt, wobei sich jedoch die keltische Sprache und Kultur durchsetzen konnten. Während die Festlandkelten und die Kelten in Britannien infolge der römischen Besatzung und später der Völkerwanderung Opfer von gesellschaftlichen Umwälzungen wurden, die ihre Kultur weitgehend auslöschten, lebten die irischen Kelten gewissermaßen auf einer Insel der Seligen und konnten ihre Lebensweise sogar gegen die zahlreichen Wikingerüberfälle im Früh- und gegen die anglo-normannische Invasion im Hochmittelalter behaupten. Einige irisch-keltische Grundbesitzer wurden erst im 17. Jahrhundert von englischen Siedlern enteignet und vertrieben.

Natürlich wurde auch Irland christianisiert. Im 5. Jahrhundert kam Patrick, ein Britannier mit römischen Vorfahren, als Missionar auf die Insel. Doch anders als in weiten Teilen Mitteleuropas verlief die Christianisierung in Irland äußerst friedlich; Missionare und Bekehrte scheinen einander mit sehr viel Respekt begegnet zu sein. Nun – wahrscheinlich hätte man die dickköpfigen Iren auch nicht mit Gewalt von einem neuen Glauben überzeugen können. Da es keine Berichte über christliche Märtyrer in Irland gibt, scheinen die Kelten und ihre Druiden die Missionare freundlich empfangen und ihre Lehre mit offenen Ohren aufgenommen zu haben. Bald schloss sich die Mehrzahl der irischen Könige und Stammesfürsten dem neuen Glauben an. Allerdings nicht bedingungslos: Die Missionare mussten den Kelten entgegenkommen. So entwickelte sich in Irland ein sehr eigenes, nicht nur räumlich weit von Rom entferntes Christentum. Wichtige keltische Feste, wie Samhain am 1. November oder das Frühlingsfest Imbolc am 1. Februar, mussten christlich umgedeutet werden – aus Samhain wurde Allerheiligen, aus Imbolc Mariä Lichtmess. Christliche Symbole wurden durch keltische ergänzt: Das Kreuz wurde mit einem Sonnenrad und keltischen Ornamenten versehen; so entstanden die berühmten Hochkreuze, die „keltischen Kreuze", von denen noch einige wunderschöne Exemplare aus dem Mittelalter erhalten sind. Und selbst an Kirchenbauten finden sich in Form von Kopfplastiken und Darstellungen von Fruchtbarkeitsgöttinnen, die sehr selbstbewusst ihre Weiblichkeit zur Schau stellen, Spuren der keltischen Kultur. Die große Zeit der Druiden, der Opferriten und der magischen Haine war allerdings mit Patrick vorbei.

Das Keltenkreuz, auch Hochkreuz oder Irisches Kreuz, vereint keltische mit christlichen Motiven und Symbolen. Es kann mit biblischen Szenen oder nur mit Ornamenten versehen sein. Sehr schöne Exemplare befinden sich in Monasterboice.

Das irische Christentum war sehr stark durch die Mönchsklöster geprägt. Diese Klostergemeinschaften bewahrten sich lange ihre Unabhängigkeit von Rom und weigerten sich, die päpstlichen Weisungen zu befolgen. Sie behielten ihre „heidnischen" Rundprozessionen bei, störten sich nicht daran, wenn während des Gottesdienstes Vieh gehandelt wurde, und sie beharrten auf einem eigenen Termin für das Osterfest. Die Evangeliare, die von den Mönchen angefertigt wurden, verzierte man kunstvoll mit keltischen Ornamenten und Tierdarstellungen. Ein besonders schönes Beispiel für diese keltisch-christliche Buchkunst ist das *Book of Kells,* das in Dublin zu besichtigen ist. Erst im 7. Jahrhundert wurde die irische Mönchskirche gezwungen, sich Rom zu unterwerfen.

Wegen ihrer Schätze wurden die irischen Klöster immer wieder von Wikingern überfallen und geplündert. Dagegen konnten auch die markanten Rundtürme, die den Zugang zu den Kostbarkeiten erschweren sollten und zugleich wahrscheinlich als Glockentürme dienten, kaum etwas ausrichten. Doch auch als die Wikinger endlich ihre Raubzüge einstellten, kamen die Iren nicht zur Ruhe: Aus England fielen die Anglo-Normannen ein und rissen in großen Teilen der Insel die Macht an sich. Noch allerdings gelang es den Iren, ihr keltisches Erbe zu bewahren, und mit der Zeit glichen sich diese ersten englischen Einwanderer der heimischen Bevölkerung an. Sie vermischten sich mit ihr und begannen, sich selbst als Iren zu fühlen.

Auch die irisch-keltische Herrschaftsform blieb bis ins Mittelalter erhalten. Während gallische Stämme auf dem Festland nach dem Vorbild der römischen Konsuln jährlich einen Vergobreten wählten, blieben die Iren beim altbewährten Königtum, das seinen Ursprung im Stammeshäuptlingstum hatte. Im keltischen Irland gab es um die hundertfünfzig Stämme, und jeder dieser *tuatha* wurde von einem *rí*, einem König, regiert. Seine Macht wuchs mit jedem Stück Vieh, das er besaß, und deshalb gehörten Beutezüge zum Alltag: Die Herden zu vergrößern war die Hauptaufgabe der Krieger, und sie widmeten sich ihr mit Hingabe. Eine der wichtigsten Aufgaben des Königs wiederum war das Ausrichten von Festmählern, um seine Krieger, die von den Beutezügen erfolgreich zurückkehrten, zu belohnen. Gewählt wurde der *rí* von einer Stammesversammlung, der *oenach*. In Friedenszeiten hatte der König den Vorsitz über sie, ansonsten verfügte er nicht über allzu viel Macht. In Kriegszeiten allerdings hatte er die alleinige Befehlsgewalt.

Galt es, sich einer größeren Bedrohung zu erwehren, konnten sich mehrere *tuatha* zu größeren Einheiten zusammenschließen. Eine solche Einheit wurde von einem Provinzkönig, dem *rí ruirech*, geführt. Drohte ganz Irland Gefahr von außen, übernahm einer der Provinzkönige die Herrschaft und wurde dadurch zum *ard rí*, zum Hochkönig. Er wurde entweder gewählt oder durch ein Rotationssystem ermittelt. Aus den Provinzkönigreichen entwickelten sich die vier Königreiche Irlands, deren Namen die vier irischen Provinzen noch heute tragen: Ulster im Norden, Leinster im Osten, Munster im Süden und Connacht im Westen.

Erst mit der gezielten Unterwerfung Irlands im 17. Jahrhundert durch Oliver Cromwell, der im Namen der englischen Regierung mit unbeschreiblicher Grausamkeit gegen die irische Bevölkerung vorging, wurde die keltische Kultur weitgehend ausgemerzt. Die Bardenschulen, die bis in diese Zeit überlebt und jahrhundertelang auch Dichter und

Musiker aus Britannien angezogen hatten, wurden nun geschlossen, und der irische Adel wurde gestürzt und vertrieben. Von nun an wurden die Iren mit brutaler Gewalt gezwungen, ihr keltisches Erbe zu verleugnen. Doch ganz im Westen der Insel, in einsamen, unwirtlichen Gegenden, gab es Menschen, denen es gelang, Teile davon zu bewahren.

Feenwelten

Zum keltischen Erbe Irlands gehört der Glaube an Feen, Elfen und allerlei andere Zauberwesen. Der Überlieferung zufolge leben die Tuatha Dé Danann, die „Stämme der Göttin Dana", die in mythischer Zeit Irland besiedelt haben sollen, bis heute unter der Erde. Ihre Welt und die Eingänge, die dort hineinführen, nennt man *síd,* sie selbst *síde,* was häufig mit „Feen" oder „Elfen" übersetzt wird. *Síd* sind die Hügelgräber aus vorkeltischer Zeit, aber auch natürliche Hügel genauso wie Quellen oder Seen.

Viele Geschichten erzählen von Begegnungen zwischen Feen und Menschen. Mal verlaufen diese Zusammentreffen friedlich, mal kommt es zu blutigen Auseinandersetzungen zwischen Sterblichen und Unsterblichen. Wenn der Sterbliche Glück hat, verliebt sich eine wunderschöne, zarte Fee in ihn, zieht bei ihm

ein und versorgt ihn. Dann wird sein Haushalt blühen und gedeihen. Wenn er jedoch eine Fee trifft, die gerade schlechte Laune hat, kann schon eine leichte Berührung eine Krankheit bei ihm hervorrufen. Man sollte also vorsichtig sein und versuchen, die Feen nicht zu stören.

Die Feen haben die schlechte Angewohnheit, sich bei den Menschen etwas zu „borgen" (meistens vergessen sie, es wiederzubringen). Gern holen sie Milch und Mehl, wenn ihnen etwas fehlt. Weitaus schlimmer ist es, wenn die Feen beschließen, Menschen in ihre Welt zu entführen. Kleine Kinder sind besonders gefährdet: Die Feen holen sie nachts aus ihren Bettchen und tauschen sie gegen einen ihrer eigenen hässlichen, ungezogenen Wechselbälger aus. Aber auch Erwachsene können eine Einladung in die Feenwelt erhalten oder gewaltsam dorthin entführt werden. Manche werden so gut behandelt, dass sie freiwillig dort bleiben. Anderen gelingt die Flucht, doch meistens haben sie sich in der *síd* verändert. Ein Mensch kann in der Feenwelt zu großer Weisheit gelangen, vielleicht wird er ein Heilkundiger, ein Seher oder ein Dichter – oder er gilt fortan als geistesgestört.

Zu den übernatürlichen Bewohnern Irlands gehören auch die Leprechauns oder Leprachâns, kleine Kobolde. Fleißig fertigen sie die Schuhe für die Feen. Den Sterblichen spielen sie gern Streiche, schneiden etwa schlafenden Frauen die Haare ab. Mit einer Belohnung kann man sie allerdings als Arbeitskräfte gewinnen. Und gelingt es, einen von ihnen zu fangen, zeigt er dem Sterblichen die Goldtöpfe, die den Kobolden gehören.

Feen tanzen gern. Dabei hinterlassen ihre wirbelnden Füße Spuren, sogenannte Feenringe, auf dem Waldboden. Während sie tanzen, singen sie so lieblich, dass Menschen magisch angezogen werden. Wer einmal den Ring betreten hat, kann ihn ohne fremde Hilfe nicht mehr verlassen, muss sich den Feen in ihrem wilden Reigen anschließen. Wie in der Anderswelt verliert der Mensch nun das Zeitgefühl: Während für ihn das Springen und Wirbeln nur wenige Minuten dauert, vergehen in der Menschenwelt mindestens sieben Jahre. Zum Glück können Freunde den Gefangenen der Feen aus seiner misslichen Lage befreien, doch müssen sie zu zweit sein: Der eine hält den Retter am Rockzipfel und bindet sich selbst an einem Baum fest; dann kann der Retter mit einem Fuß in den Kreis treten, wobei der andere Fuß unbedingt außerhalb bleiben muss. Gelingt diese Akrobatik, können die beiden den verzauberten Freund aus der Macht der Feen befreien.

Jahrtausendelang war der Glaube an Feen fester Bestandteil der irischen Kultur. Noch heute soll es ländliche Gebiete geben, in denen die Menschen nicht wagen, die Feen beim Namen zu nennen, und sie nur als „das gute Volk" bezeichnen, um sie nicht auf sich aufmerksam zu machen und ihren Zorn auf sich zu ziehen.

Die Irische Renaissance

Während das keltische Erbe im irischen Volksglauben stets gegenwärtig blieb, wurden andere keltische Traditionen und Einrichtungen wie die Bardenschulen nach der Unterwerfung Irlands im 17. Jahrhundert verdrängt. Die englischen Siedler zwangen die Einheimischen, ihren Kindern kein Irisch mehr beizubringen, also die eigene Sprache aufzugeben. Nur im äußersten Westen der Insel, in den kargen Moorlandschaften von Connemara und auf den Aran Islands, in Gebieten, an denen die englischen Siedler kein Interesse hatten, sprach man weiterhin Irisch.

Dieser Umstand wurde zu einem Glücksfall, als sich im 19. Jahrhundert nach langer Unterdrückung einige Dichter und Schriftsteller daran begaben, nach den irisch-keltischen Wurzeln zu forschen. William Butler Yeats, Lady Augusta Gregory, John Millington Synge und andere begannen, sich mit der irischen Sprache und den alten keltischen Mythen und Sagen zu beschäftigen. Durch Aufenthalte auf den Aran Islands lernten sie Irisch und ließen sich von Einheimischen die alten Sagen erzählen. Dass dabei vieles verfälscht oder missverstanden wurde, war unvermeidlich; dennoch gelang es diesen Dichtern, einen Teil des irisch-keltischen Erbes zu retten und die mythischen Geschichten erneut zu verbreiten.

Die kulturelle Bewegung ging Hand in Hand mit einer politischen. Die Iren begannen, für ihre Abspaltung von Großbritannien zu kämpfen. 1922 errangen sie einen Teilerfolg: Die Republik Irland wurde ein unabhängiger Staat. Nordirland aber, die Provinz Ulster, gehört noch heute zu Großbritannien.

Diese Bewegung, die sogenannte Irische Renaissance, hat sicher entscheidend dazu beigetragen, ein Bewusstsein für das keltische Erbe zu schaffen, und somit dafür gesorgt, dass einige keltische Traditionen bis heute gepflegt werden. In Irland und Schottland etwa werden nach wie vor Kilts gefertigt, ebenso andere traditionell keltische Stoffe und Kleidungsstücke. Und in den Grundschulen in Irland, Schottland und Wales ist Irisch, schottisches Gälisch beziehungsweise Kymrisch Pflichtfach. So sind die Kelten zwar wieder in den Nebeln der Zeit versunken, aus denen sie einst auftauchten. Ihr kulturelles Erbe aber ist noch immer lebendig.

Das gestohlene Kind

Wo das felsige Hochland
von Sleuth Wood in den See eintaucht,
liegt eine Insel, grün belaubt,
wo Reiher mit ihrem Flügelschlag
die schläfrigen Wasserratten wecken;
dort haben wir sie versteckt, unsere Feenkörbe
voll von Beeren
und gestohlenen Kirschen, leuchtend rot.
Komm nur her, Menschenkind!
Zu den Wassern, in die Wildnis,
Hand in Hand mit einer Fee,
denn die Welt ist tränenreicher, als du es je
verstehen kannst.
Wo die Welle des Mondlichts
die dämmrig grauen Ufer glänzend flutet,
fernab bei The Rosses,
wirbeln unsere Füße die ganze Nacht,
weben alte Tänze,
verknüpfen wir Blicke, verknüpfen wir Hände
bis der Mond die Flucht ergreift;
hin und her, so springen wir,
und haschen die schaumige Gischt,
während die Welt voll Kummer ist
und voller Angst in ihrem Schlummer.

W. B. Yeats: *The Stolen Child, 1. und 2. Strophe*
(Übersetzung von Birgit Fricke)

DER RINDERRAUB VON COOLEY

Auf den samtgrünen Hügeln der Halbinsel Cooley weidete friedlich der Stolz von Ulster: Donn, der prächtige schwarzbraune Stier. Es war ein wahrhaft gewaltiger Bulle: Nicht weniger als fünfzig Jünglinge konnten auf seinem Rücken spielen, unter seinem massigen Körper fanden hundert kräftige Krieger Schutz, und ließ er sein mächtiges Brüllen hören, so war es den Menschen wie schönste Musik, die das Herz erwärmte. Jeden Tag besprang der Donn fünfzig Kühe, und am Tag darauf bekamen sie wunderschöne Kälber. Kein Dämon wagte sich in seine Nähe, denn dieses Tier hatte große Macht.

Weit im Westen von Cooley, in Connacht, lag die Königsburg Cruachan. Hier lebten der König Ailill und seine Frau Medb, die schöne, starke Kriegerin. Eines Abends lagen sie nebeneinander, kurz vor dem Einschlafen. Da sagte Ailill zufrieden: „Mädchen, du hast Glück, einen so tüchtigen Mann zu haben. Es geht dir viel besser, seit ich dich zur Frau nahm.“ – „Wie bitte?“, fragte Medb und richtete sich wieder auf. „Träumst du schon? Ich hatte Macht und Wohlstand, bevor wir beide zusammenkamen. Mein Vater war der Hochkönig von Erinn. Ich war tapfer und ehrgeizig. Fünfzehnhundert Krieger habe ich in den Kampf geführt. Die Männer standen Schlange, um mich zu ehelichen. Aber ich wollte keinen Geizhals, denn ich bin großzügig; ich wollte keinen Feigling, denn ich will nicht mit meinen Kriegern in die Schlacht ziehen, während es sich mein Mann daheim gemütlich macht; und ich will niemanden, der eifersüchtig ist, denn viele Männer wünschen sich die Freundschaft meiner Hüfte, und manchem möchte ich sie gewähren. Nur du, Ailill, hast meine Bedingungen erfüllt. Deshalb sind wir zusammen. Nicht, weil ich dich brauche, nicht, weil du reich und mächtig bist.“

Nun gab ein Wort das andere. Die halbe Nacht stritten König und Königin, bis Medb endlich vorschlug, am nächsten Morgen ihre Besitztümer zu vergleichen. Dann werde Ailill ja sehen, dass sie die Reichere sei und ihn im Grunde nicht nötig habe. Und so geschah es. Am Morgen nach dem Gespräch auf dem Kopfkissen ließ Königin Medb dem

König vorführen, welche Schätze ihr gehörten: Kostbarste Gewänder und Schmuckstücke wurden vor ihm ausgebreitet und prunkvolle Waffen, von den besten Schmieden der Insel gefertigt. Riesige Viehherden trieb man vorbei, kräftige Schafe mit grauer Wolle, fette Schweine, stattliche Rinder und edelste Pferde. Es war ein beeindruckendes Schauspiel. Doch als der König seinen Besitz vorführte, stand der dem der Königin in nichts nach. Im Gegenteil: Zu einer seiner Rinderherden gehörte ein überaus prächtiger Stier. Seine Hörner, sein Kopf und die Beine waren strahlend weiß, sein Körper leuchtend rot. Sein Name war Findbennach. Er stammte von einer Kuh der Medb, hatte aber die Herde verlassen und sich der König Ailills angeschlossen. Nun befand er sich in seinem Besitz.

Königin Medb war außer sich, als sie den prachtvollen Bullen sah. Der König hatte sie übertroffen. Tief in ihrem Stolz verletzt, suchte sie zu erkunden, ob es irgendwo in Erinn einen Stier gäbe, der mehr wert sei als der Findbennach. So erfuhr sie von dem Donn in Ulster und seinen wunderbaren Fähigkeiten. – „Bringt ihn mir", entschied sie schnell. „Ich will Dare, seinen Herrn, großzügig entlohnen. Fünfzig junge Kühe soll er bekommen, dazu ein gutes Stück Land, einen Wagen im Wert von drei Mal sieben Sklavinnen, und ich biete ihm die Freundschaft meiner Hüfte."

Als Dare von diesem Angebot hörte, war er bereit, der Königin den Stier auszuleihen. Doch dann begannen die Boten der Königin, sich zu betrinken und zu prahlen: Wenn sie den Stier nicht für den gebotenen Preis bekämen, würden sie ihn sich eben holen, zur Not auch mit Gewalt. Da wurde Dare wütend und jagte Medbs Gesandtschaft davon, enttäuscht, dass seine Gastfreundschaft missbraucht worden war.

„Nun", sagte Königin Medb, als man ihr von dem Geschehen berichtete, „dann ziehe ich gegen Dare zu Felde. Ruft meine Krieger zusammen. Ich werde mir diesen Stier holen, den Donn von Ulster, koste es, was es wolle."

Bald lagerten die Krieger von Connacht nahe der Burg, und nicht nur sie: Aus ganz Erinn waren Krieger gekommen, die sich dem Heereszug anschließen wollten, im Dienst der Königin Medb. Doch bevor sie den Marschbefehl erteilte, befragte Medb ihren Druiden, wie die Unternehmung ausgehen werde. Der sah zum Himmel auf, wo gerade ein großer Schwarm Krähen zog, und sprach: „Und wenn sonst niemand heimkehrte von

diesem Feldzug, Ihr, Königin Medb, werdet nach Cruachan zurückkommen." Damit war die Königin zufrieden.

Als sie aber auf dem Weg zu ihren Kriegern war, kam ihr ein Streitwagen entgegen. Darauf saß eine schöne Frau. Mit einem goldenen Weberschiffchen, das die Form eines Schwertes hatte, webte sie eine prächtige Borte. Ihr Gesicht war jung, die Wangen waren rosig, zwischen roten Lippen strahlten schneeweiße Zähne. Goldenes Haar fiel über ihren Mantel, um den Kopf waren Zöpfe geflochten wie eine Krone.

„Wer bist du?", fragte Medb und blieb stehen. – „Ich bin Fedelm", sagte die junge Frau. „Die Fee aus dem Hügel von Cruachan. Du hast Krieger um dich geschart. Da möchte ich dir weissagen, wie dein Kriegszug verläuft." – „Gut", sagte Medb. „Lass hören." – „Ich sehe deine Krieger in Scharlachrot", sagte die Fee aus dem Hügel. – „Vom Blut der erschlagenen Feinde", erwiderte Medb verärgert. „Anders wär es nicht möglich. Ich habe den richtigen Zeitpunkt gewählt: Wir ziehen, wenn die Männer von Ulster unter dem Fluch der Macha leiden und mit der Kindbettschwäche an ihr Lager gefesselt sind. Dann haben wir leichtes Spiel mit ihnen."

Der König von Ulster hatte nämlich einst den Zorn seiner Frau Macha, einer Fee, auf sich geladen, als er ihr befahl, hochschwanger an einem Wettrennen teilzunehmen. Nach ihrem Sieg brach sie zusammen. Sterbend belegte sie die Männer von Ulster mit einem Fluch: Wann immer ihnen Gefahr drohte, sollten sie schwach sein wie eine Wöchnerin. Darauf setzte nun Königin Medb bei ihrem Angriff.

„Ich seh deine Krieger in Scharlachrot", wiederholte die Fee aus dem Hügel schlicht. – „Das kann nicht sein!", widersprach die Königin trotzig. „Die Krieger von Ulster sind alle geschwächt. Sie können nicht kämpfen. Das haben mir meine Späher berichtet." – „Ich seh deine Krieger in Scharlachrot", wiederholte die Fee ein drittes Mal, ernst und unbeirrt, als hätte sie Königin Medb nicht gehört. Dann begann sie zu singen, mit einer Stimme wie Harfenklang: von einem bartlosen Jüngling, dem Hund des Schmiedes, kämpfend mit wutverzerrtem Gesicht. Von kundigen Frauen ausgebildet in allen denkbaren Waffenkünsten, werde er Ulster verteidigen, sich entgegenstellen dem Heer der Medb, allein verschont vom Fluch der Macha. Seine furchtbaren Waffen, sein Schwert, seine Schleuder, sein Blitzspeer, sie würden den Connachtern Wunden schlagen und viele von ihnen vernichten. „Der Raub des Stieres wird dich reuen. Ich sehe Cú Chulainn. Ich sehe Rot." Mit diesen Worten verschwand die Fee und ließ Medb nachdenklich zurück. Doch die Königin beschloss, ihren Kriegszug durchzuführen, allen Warnungen zum Trotz.

Wie einen sich schlängelnden Drachen sahen Cú Chulainn und sein Vater Sualtach das Heer der Medb immer näher kommen. Unheilvoll wand es sich durch das Land, auf den Grenzstein von Ulster zu. „Kein guter Zeitpunkt", sagte Cú Chulainn zu seinem Vater. „Unsere Krieger sind vom Fluch der Macha befallen. Geh und warne die Leute von Ulster, dass sie sich verstecken." – „Das tu ich", sagte Sualtach. „Und du verteidigst allein unser Land?" – „Ja", sagte Cú Chulainn. „Aber zuvor gehe ich zu der Magd der Fedlimid. Ich habe ihr versprochen, die Nacht mit ihr zu verbringen." Sein Vater tadelte ihn dafür, doch Cú Chulainn beharrte darauf, sein Versprechen zu halten: Sonst werde das Wort eines Mannes zur Lüge und das Wort eines Weibes zur Wahrheit. Und so ritzte er in einen Reif aus Eichenholz eine Botschaft in Ogamschrift und hängte ihn an den Grenzstein. Dann machte er sich auf den Weg zu der Magd.

Als die Connachter die Nachricht fanden, warteten sie bis zum nächsten Morgen, denn sie fürchteten Cú Chulainns Rache. Als aber am Morgen noch nichts von ihm zu sehen war, fielen sie in Ulster ein.

Cú Chulainn, der erst in Ruhe gebadet und gefrühstückt hatte, entdeckte die feindlichen Wagenspuren und beklagte sich bei Laeg, seinem Freund und Wagenlenker, dass die Connachter seiner Bitte, auf ihn zu warten, nicht nachgekommen waren. „Ich hab's dir gesagt, Cucuc", antwortete Laeg achselzuckend, „dass du bei der Magd keine Ehre gewinnst." Und sogleich machten sie sich daran, die Eindringlinge zu verfolgen. Sie überholten das feindliche Heer unbemerkt und fuhren vor bis zu einer Furt nahe dem großen Königshügel. Achtzehn Dreißighundertschaften hatten sie unterwegs gezählt, doch Cú Chulainn war ohne Furcht. Er sprang vom Wagen, trennte mit einem einzigen Hieb eine Gabel mit vier kräftigen Ästen von einer mächtigen alten Eiche, spitzte sie zu und rammte sie in die Erde, sodass sie zu zwei Dritteln im Boden steckte.

Das war kaum geschehen, als die Söhne des Ner, an der Spitze des Heeres von Connacht, auf ihrem Wagen herankamen. Sie sahen den schmächtigen, bartlosen Cú

Chulainn neben der Astgabel stehen und frohlockten, dass sie nun den ersten Krieger von Ulster erschlagen konnten, ohne große Mühe. Wenig später steckten ihre Köpfe und die ihrer Wagenlenker auf den vier Spitzen der Astgabel und die blutüberströmten Streitwagen rollten führerlos, gezogen von panisch jagenden Pferden, zurück zum Hauptteil ihres Heeres. Das Heer aber erschrak, als es die Astgabel mit der grausigen Warnung sah. Von nun an hieß dieser Ort Ath gabla, die Gabelfurt.

Immer tiefer drang Königin Medb mit ihrem gewaltigen Heer nach Ulster vor. Sie schlug eine Schneise des Schreckens, brachte Verwüstung über die Felder und Weiden und tötete jeden, der ihren Weg kreuzte. Cú Chulainn nahm die Verfolgung auf und erschlug eine große Zahl ihrer Krieger, doch konnte er allein dem Zug des Heeres keinen Einhalt gebieten. Eines Tages nun begegnete Cú Chulainn einem Trupp von Kriegern aus Connacht, die den Donn, den mächtigen Stier, vor sich hertrieben, zusammen mit fünfzig Jungkühen. Sie hatten das Tier in einem Tal entdeckt und derart in Raserei versetzt, dass es seinen Hirten zu Tode getrampelt hatte. Nun hatten sie es mitnehmen können. Zornig trat Cú Chulainn den Räubern entgegen, doch Buide, ihr Anführer, befahl ihm, den Weg freizugeben. So kam es zu einem kurzen, aber heftigen Kampf, mit dem besseren Ende für Cú Chulainn: Von seinem Speer in die Brust getroffen und durchbohrt, drei rückwärtige Rippen zerschmettert, sank Buide zu Boden. Doch bei aller Kürze des Kampfes hatte die Zeit gereicht, den Stier zu entführen und in das Lager der Medb zu bringen. Der Stolz von Ulster war verloren. Welch eine Schande für Cú Chulainn.

Der mächtige Donn befand sich nun im Besitz der Königin Medb. Aber noch war er nicht in Connacht. Ihn dorthin zu bringen war schwierig, denn Cú Chulainn ruhte nicht; unablässig griff er das Heer an, tötete hundert Krieger an einem Tag. Da wandte sich Medb an Ferdiad, einen der größten Krieger der Insel. Wie Cú Chulainn hatte Ferdiad die Waffenkunst bei Scáthach, der berühmten Kriegerin, erlernt, und die beiden schätzten einander als Freunde und Waffenbrüder. So gelang es Medb nur mit List, Ferdiad zum Kampf gegen Cú Chulainn zu bewegen: Sie sagte ihm, sein Freund habe ihn als Krieger verhöhnt. Nun suchte der wütende Ferdiad den Zweikampf.

Als die beiden an der Furt aufeinandertrafen, waren sie voller Bitterkeit und gingen nach kurzem Wortgefecht zu den scharfen Waffen über. Zuerst bewarfen sie sich mit

Wurfpfeilen aus Walrosszahn. Dann kämpften sie mit Wurfspeeren am Flachsseil. Sie schlugen einander tiefe Wunden, und am Ende des Tages kamen die Heilkundigen, um sie zu versorgen, mit Kräutern und Heilsegen. Am zweiten Tag kämpften sie, von ihren Streitwagen aus, mit Lanzen. Wieder wurden beide schwer verwundet. Nachts ruhten sie friedlich Seite an Seite. Am nächsten Morgen erschrak Cú Chulainn, als er Ferdiad sah, und sagte: „Dir geht es nicht gut. Lass uns aufhören. Es ist doch dumm, mit einem Freund zu kämpfen, nur weil irgendein Weib das befiehlt." Doch Ferdiad wollte Cú Chulainns Mitgefühl nicht und wählte für diesen Tag den Schwertkampf.

Der nächste Tag brachte die Entscheidung. Ferdiad wählte das äußerst schwierige „Spiel an der Furt". Cú Chulainn sprang also, wie es bei dieser Art zu kämpfen üblich war, vom Rand der Furt aus auf den Schildbuckel seines Gegners und versuchte, ihm mit dem Schwert den Schädel einzuschlagen. Doch Ferdiad gab seinem Schild einen kleinen Stoß mit dem Ellbogen, und schon flog Cú Chulainn wie ein Vögelchen ans Ufer zurück. Das wiederholte sich, und es sah nicht gut aus für Cú Chulainn. Da begann Laeg, sein Wagenlenker, ihn zu verhöhnen, denn so hatte es ihm Cú Chulainn zuvor aufgetragen: „Soll das ein Kampf sein? Ich glaube eher, so züchtigt eine Mutter ihr ungezogenes Söhnchen!"

Darüber geriet Cú Chulainn in rasende Wut. Sein ganzer Körper schwoll an zu gewaltiger Größe, sein Knabengesicht verzerrte sich zu einer furchterregenden Fratze, die in allen Farben des Regenbogens schillerte, und seine Haare sträubten sich und standen wie Stacheln zu Berge. Brüllend stürzte er sich auf Ferdiad, in wilder, wütender Raserei. Die Schwerter klirrten ungestüm, doch Ferdiads harter Lederpanzer schützte ihn vortrefflich, und so war Cú Chulainn der Erste, der eine schwere Wunde empfing. Nun wusste er sich keinen anderen Rat mehr, als zum Gae bolga, dem Blitzspeer, zu greifen. In dieses Kampfgeheimnis hatte ihn Aífe, die schöne Kriegerin, eingeweiht. Als Ferdiad nun auf ihn zukam, seinen Schild vor sich haltend, wich Cú Chulainn ein paar Schritte zurück, klemmte den Blitzspeer unter Wasser zwischen die Zehen und rammte ihn dem Ferdiad aufwärts durch den ganzen Leib, sodass er innerlich zerrissen wurde. „Du hast mich nicht ehrlich besiegt", klagte Ferdiad und sank sterbend zu Boden. Cú Chulainn nahm ihn in den Arm, trug ihn an das zu Ulster gehörige Ufer, verwünschte die Königin Medb für ihre Heimtücke und trauerte tief um den Jugendfreund, der durch seine Hand gefallen war.

Lange, von Samhain bis Beltaine, war es Cú Chulainn gelungen, Ulster zu verteidigen, wenngleich er nach dem Tod des Ferdiad sehr geschwächt war. Endlich aber waren die anderen Krieger wieder bei Kräften, und sie schlugen das, was vom Heer der Medb übrig war, zurück. Dennoch war Medb mit dem Stier entkommen. Doch kurz währte ihre Freude an ihm: Kaum hatte der Findbennach, der weißgehörnte Stier von Cruachan, das Gebrüll des nahenden Donn gehört, kam er wutschnaubend herbei und stellte den fremden Stier zum Kampf.

Riesige Erdbrocken flogen, als die Stiere mit den Hufen scharrten, ihre Augen glühten rot und wie Blasebälge schnauften ihre Nüstern. Krachend stießen sie gegeneinander, Horn gegen Horn. Die Erde bebte unter ihnen. So verging ein ganzer Tag, und noch nachts hörte man den Kampf der Stiere, die sich einmal rund um Erinn hetzten. Erst mit der Morgendämmerung kehrte Ruhe ein. Von Westen kam der Donn, den toten Findbennach auf seinen Hörnern. Er schüttelte sich, sodass die Leber des besiegten Stieres in Richtung der Burg Cruachan flog. Magen, Herz und Nieren verteilte er über ganz Erinn. Dann schleppte er sich mit letzter Kraft zurück auf seine Weiden von Cooley. Dort brach ihm das Herz und er hauchte sein Leben aus, betrauert von allen Frauen und Männern von Ulster.

Königin Medb war rasend vor Zorn. Nichts hatte sie gewonnen, nur viele kühne Krieger verloren. Daran trug vor allem Cú Chulainn die Schuld, und an ihm wollte Medb sich rächen. Da schmiedete sie einen bösen Plan: Sie nahm die Kinder des Calatín bei sich auf, den Cú Chulainn in einem langen, harten Kampf getötet hatte. Es waren Sechslinge, drei Knaben und drei Mädchen. Siebzehn Jahre lang schulte Medb sie geduldig in der Zauberkunde, und die Sechs waren gelehrige Schüler. Es war ihre Pflicht, den Vater zu rächen.

Eines Tages sah Medb die Zeit gekommen. Sie scharte alle um sich, die durch Cú Chulainn Leid erfahren hatten, und begann ihren bitteren Rachefeldzug. Da erhob sich Cú Chulainn müde von seinem Lager. So viele Kämpfe hatte er ausgetragen. Er sehnte sich nach Ruhe. Doch wie sollte er ruhen, wenn nur er das Morden verhindern konnte? Branddunst lag über dem ganzen Land. Wenn er nicht in die Schlacht zog, würde das Heer der Medb ganz Ulster zerstören, denn wieder waren die anderen Krieger vom Fluch der Macha befallen. Und so befahl er Laeg, seinem Wagenlenker, den Wagen bereit zu machen. Bald aber kam Laeg wieder zu ihm. „Es ist wie verhext, Cucuc", sagte er. „Ich kann den Grauen nicht anspannen. Er geht einfach nicht unters Joch." Da ging Cú Chulainn selbst hinaus. Doch der Graue zeigte ihm dreimal die linke Seite und weigerte sich, unters Joch zu gehen. Erst nach langen Zureden gehorchte er seinem Herrn. „Das ist kein gutes Zeichen", murmelte Cú Chulainn finster, doch er bestieg mit Laeg den Wagen und machte sich auf den Weg zum Schlachtfeld in der Ebene von Muirthemne.

Als sie ein Stück gefahren waren, mitten in der Nacht, entdeckte Cú Chulainn drei alte, verhutzelte Frauen am Wegrand. Sie rührten in einem Kessel, der über einem Feuer hing. Cú Chulainn wollte vorbeifahren, doch sie riefen ihm zu: „Cú Chulainn! Komm zu uns! Nimm Speise aus unserem Kessel!" – „Nein", sagte Cú Chulainn. „Ich mag nicht aus eurem Kessel essen." Denn er fürchtete, es könnte Hundefleisch sein, das darin kochte, und es war ihm verboten, davon zu essen. – „Willst du uns beleidigen, Held von Ulster?", sagten die drei verhutzelten Frauen. „Verachtest du uns, weil wir einfache Frauen sind und keine großen Krieger? Weil wir einfaches Hundefleisch zubereiten und kein kostbares Rind? Schlimm wird es den Großen ergehen, die das Kleine geringschätzen."

Diese Wahl ist mein Verhängnis, dachte Cú Chulainn. Denn eines seiner Tabus, ein *geis*, musste er nun brechen: Er musste eine Einladung ausschlagen oder Hundefleisch essen. Er entschied sich, dass er mehr Ehre hätte, wenn er die Einladung annahm, denn er wollte die Frauen nicht beleidigen. Und so aß er das Hundefleisch. Augenblicklich spürte er, wie ihn ein Teil seiner Kraft verließ. Die drei Frauen aber frohlockten insgeheim, denn sie waren die drei Töchter des Calatín, von Königin Medb geschickt, um den großen Krieger ins Verderben zu stürzen.

Und so fand Cú Chulainn, geschwächt durch den Bruch des Tabus, das ihm der Druide Cathbad auferlegt hatte, in der Schlacht von Muirthemne den Tod. Medb hatte ihre Rache. Doch Ulster trauerte um den größten Helden, der je auf Erinns grünen Hügeln kämpfte.

Zeittafel

ab ca. 700 v. Chr. Beginn der Eisenverarbeitung in Mitteleuropa. Epoche der Keltenfürsten und ihrer Prunkgräber

ca. 650 v. Chr. Beginn der keltischen Hallstattzeit

ca. 500 v. Chr. Beginn der La-Tène-Zeit. Es kommt zu Umwälzungen in der Gesellschaft. Keltische Stämme machen sich auf die Reise gen Osten und Süden.

392 v. Chr. Keltenstämme erreichen die Grenzen Etruriens.

ca. 390 v. Chr. Kelten erobern Rom, nachdem sie die Römer an der Allia vernichtend geschlagen haben.

279 v. Chr. Brennos versucht mit seinem Heer einen Angriff auf Delphi und scheitert an einem Schneesturm. Seine Krieger und er werden von den Griechen zurückgedrängt.

154 v. Chr. Die Römer eilen dem bedrängten Massalia zu Hilfe. So können sie ihren Einfluss in Südgallien ausdehnen.

109 v. Chr. Teutonen und Helvetier überschreiten den Rhein Richtung Gallien, da man ihnen im Osten das Land streitig macht.

ca. 60 v. Chr. Das südliche Gallien ist fest in römischer Hand.

58 v. Chr. Cäsar beginnt seinen Gallischen Krieg.

55 v. Chr. Cäsar unternimmt den ersten Feldzug nach Britannien.

54 v. Chr. Cäsar versucht es ein zweites Mal.

54/53 v. Chr. Erster großer gallischer Aufstand gegen die Römer unter Ambiorix

52 v. Chr. Erneuter Aufstand der gallischen Stämme, dieses Mal unter Vercingetorix. Die Gallier feiern einen Sieg über Cäsars Legionen bei Gergovia, der Hauptstadt der Arverner. Wenige Monate später besiegt Cäsar die Gallier bei der Belagerung von Alesia.

46 v. Chr. Vercingetorix wird nach Cäsars Triumphzug durch Rom hingerichtet.

25 v. Chr. Galatien in der heutigen Türkei wird römische Provinz.

Um das Jahr 0 endet die keltische Epoche. Nur in Irland und Teilen Großbritanniens kann sich die keltische Kultur weiterhin ungestört entfalten.

60–61 n. Chr. Boudicca führt in Britannien ihre Ikener in den Aufstand gegen die römischen Besatzer und wird vernichtend geschlagen.

ab 407 n. Chr. Die römischen Heere ziehen sich endgültig aus Britannien zurück.

432 n. Chr. Patrick erreicht Irland und beginnt seine Mission. Nach der Christianisierung verlieren die Druiden ihren Einfluss.

Glossar

Zur Aussprache irischer Namen:

b am Wortanfang = b, sonst: w
c = k
ch = ch in „doch“
d am Wortanfang = d, sonst: englisches th wie in „this“ (hier als dh transkribiert)
g am Wortanfang = g, sonst: j (g noch leicht angelautet)
m am Wortanfang = m, sonst: w
r = Zungen-r
th = wie das englische th in „thought“ (hier als th transkribiert)

Zur Aussprache walisischer (kymrischer) Namen:

ff = f
f = w
ll = Mischung aus l, r und stimmlosem englischem th
r = Zungen-r
w = u oder englisches w
y = wie ein sehr kurzes ö

Ailill [Alil]: mythischer König der irischen Provinz Connacht und Ehemann der Medb, die den Rinderraub von Cooley anzettelt

Alba: Poetischer Name für Schottland

Amairgin [Awarjin]: Mythischer Dichter und Druide der Milesier

Annwfn [Annuwn]: Walisischer (kymrischer) Name der Anderswelt

Aoife [Aife, Ife]: Zauberin der irischen Mythologie, die aus Eifersucht die vier Kinder des Lir in Schwäne verwandelt

Artus (kymrisch Arthur = Arthir): Über den historischen britannischen König Artus berichten zuerst die *Annales Cambriae*, walisische Annalen aus dem 5. bis 10. Jh. Danach soll Artus um 518 eine Schlacht gegen germanische Eroberer gewonnen haben. Nach und nach wurde er zu einer mythischen Gestalt verklärt, im Hochmittelalter galt er als Inbegriff des Rittertums. Heute verkörpert er gleichermaßen den keltischen Kriegerkönig und den mittelalterlichen Feudalherrn. Artus ist neben dem Druiden Merlin die bekannteste Sagengestalt der Kelten.

Beltaine [Beltahne]: Fest des Sommeranfangs, das in der Nacht zum 1. Mai gefeiert wurde. Zu den Ritualen gehörte, dass man Vieh zwischen zwei Feuern hindurchtrieb, um Krankheiten vorzubeugen. An Beltaine waren, wie an Samhain, die Grenzen zur Anderswelt geöffnet.

Bodb [Bodhw]: Schlachtendämonin der irischen Mythologie, die meistens in Krähengestalt erscheint

Brân Fendigeid [Brahn Wendigaid]: In der walisischen Mythologie ein König Britanniens. Sein Name bedeutet „Brân der Gesegnete“. Möglicherweise geht die Gestalt des Brân auf einen keltischen Fruchtbarkeitsgott zurück.

Brigit [Briijit]: In der irischen Mythologie eine Tochter des Dagda, eines der Anführer der Tuatha Dé Danann. Die ältere Form des Namens, Brigantia, war der Name oder Beiname verschiedener keltischer Göttinnen. Nach der Christianisierung wurde Brigit als irische Nationalheilige, als „Maria der Gälen“, verehrt.

Cathbad [Kathwadh]: Mythischer Druide, der Cú Chulainn seinen Namen gibt und über die Gabe der Weissagung verfügt

Cernunnos [Kernunnos]: Die berühmteste Darstellung dieses keltischen Gottes befindet sich auf dem Kessel von Gundestrup. Hier sieht man ihn als Mann mit Hirschgeweih, in „Buddha-Haltung“, in einer Hand einen Torques, in der anderen eine Schlange. Ähnliche Darstellungen finden sich ab dem 4. Jh. v. Chr. von Irland bis Rumänien. Ob es sich immer um Cernunnos handelt, ist nicht sicher, fest steht aber, dass die Kelten fast überall einen „Hirschgott“ als Herrn der Tiere und des Waldes verehrten. Er stand für Fruchtbarkeit und Erneuerung.

Coll fab Collfrewi [Kohll wab Kohllwreeui]: In den „Triaden der Insel Britannien“ ist er einer der drei mächtigen Schweinehirten und hütet als solcher die magische Sau Henwen.

Conchobar [Konchowar, Konchor]: Mythischer König der irischen Provinz Ulster, Sohn des Druiden Cathbad und Onkel des Helden Cú Chulainn. Im *Rinderraub von Cooley* erscheint er als Inbegriff des fähigen, gerechten Herrschers.

Cooley: Eigentlich Cuailnge [Kualnge, Kulinge], Halbinsel im Nordosten Irlands und Schauplatz der Sage vom Rinderraub. Cooley gehört heute zu der irischen Provinz Leinster und ist Teil der Republik Irland. Ganz in der Nähe liegt Dundalk, Cú Chulainns Wohnsitz.

Cú Chulainn [Ku Chulinn]: Held des irischen Ulster-Zyklus. Der „Hund des Culann“ ist die Hauptfigur in dem Epos *Der Rinderraub von Cooley*, in dem er ganz allein seine Heimat Ulster gegen das Heer der Königin Medb von Connacht verteidigt. Als Sohn des keltischen Gottes Lug stammt er von den Tuatha Dé Danann ab und hat dementsprechend übermenschliche Kräfte, besonders wenn er in Raserei gerät.

Dagda [Dajdha]: Einer der Anführer der Tuatha Dé Danann. Sein Name bedeutet „Der gute Gott“. Er besitzt den Kessel der Fülle, der unerschöpflich Speise hervorbringt, und eine Keule, mit der er Leben spendet. Offenbar wurde dieser Gott der irischen Kelten als männliche Entsprechung der Großen Mutter verehrt. Dafür sprechen seine anderen Namen: Eochaid Ollathair bedeutet „Eochaid der große Vater“ und Ruad Rofesa heißt „Der Mächtige mit dem großen Wissen“. Möglicherweise ist er mit dem keltischen Gott Sucellus identisch, der in Gallien und Britannien bezeugt ist. In der irischen Mythologie ist der Dagda der Herrscher der Anderswelt.

Dana: In mittelalterlichen Quellen wird Dana (auch Anu, Ana, Danu) als „Mutter der irischen Götter“ bezeichnet. Sie gehört also zu den keltischen Muttergottheiten. Ihre Nachfahren sind die Tuatha Dé Danann, die „Stämme der Göttin Dana“. Sie sind zugleich mythische Gestalten und Götter.

Donn Cuailnge [Kualnge, Kulinge]: Der mächtige Stier von Ulster, umkämpft im *Rinderraub von Cooley*

Drystan fab Tallwch [Dröstan wab Talluch]: In der walisischen Mythologie einer der drei mächtigen Schweinehirten Britanniens. Anders als in biblischen Schilderungen war der Beruf des Schweinehirten bei den Kelten sehr angesehen. Drystan war zudem als Krieger berühmt und auch für seine Liebe zu Essyllt. Als „Tristan und Isolde“ fanden die beiden walisischen Sagengestalten Einzug in die Geschichten um König Artus.

Emain Macha [Ewinn Wacha]: Mythischer Sitz der Könige von Ulster, historisch identisch mit der Ausgrabungsstätte Navan Fort nahe Armagh in Nordirland. Die Siedlungsspuren reichen zurück bis in die Jungsteinzeit.

Erinn: Poetischer Name für Irland

Fedelm [Fedhelm]: Seherin im *Rinderraub von Cooley.* Ihre Beschreibung, vor allem die Betonung ihrer weißen Zähne zwischen den roten Lippen, kennzeichnet sie als Wesen der Anderswelt. Von dort kommen z. B. auch weiße Tiere mit roten Ohren.

Ferdiad [Ferdiadh]: Cú Chulainns Waffenbruder, der, von Königin Medb überlistet, gegen den Helden von Ulster antritt und im Zweikampf von ihm besiegt wird

Findbennach [Findwennach]: Der weiße Stier von Connacht, im *Rinderraub von Cooley* der Gegner des Donn Cuailnge von Ulster

Fir Bolg [Fir Wolgh]: Die „Männer der Säcke“ sind die dritte Gruppe von mythischen Siedlern in Irland. Sie sollen in Griechenland als Sklaven gelebt haben. In Irland sollen sie das Königtum eingeführt und die Insel in fünf Provinzen eingeteilt haben.

Fomoire [Fowore], Fomorier: Dämonen und Ungeheuer unbekannter Herkunft, die in Irland leben, bevor es von Menschen besiedelt wird. Sie lassen sich als personifiziertes Chaos deuten, als Unkultur, als Anarchie. Den zauberkundigen, weisen Tuatha Dé Danann gelingt es, das Chaos zu beenden und die Fomorier von der Insel zu vertreiben.

geis [gesch]: Irisches Wort für Tabu. Solche Tabus kannten auch die historischen Kelten, es gibt sie nicht nur in der Mythologie.

Goibniu [Gownu]: Schmied der Tuatha Dé Danann. Ursprünglich dürfte er ein Schmiedegott gewesen sein, vergleichbar dem griechischen Hephaistos oder dem römischen Vulkan. Mit Crédne, dem Bronzeschmied, und Luchta, dem Zimmermann, bildet er eine Triade. Gemeinsam fertigen sie unfehlbare, todbringende Waffen.

Henwen: In der walisischen Mythologie ein magisches Schwein, das Fruchtbarkeit, aber auch Plagen hervorbringt. Die „Alte Weiße“ ist wahrscheinlich eine Personifizierung der Muttergöttin, die mit dem Schöpfergott (in Gestalt des Hirten) durch das Land zieht und gleichermaßen Gutes wie Böses erschafft.

Imbolc [Imbolgh]: Frühlingsfest der Kelten am 1. Februar

Kessel: Der Kesselkult war bei den Kelten von großer Bedeutung. Der Glaube, dass ein Kessel neues Leben hervorbringt, spiegelt sich im realen Totenkult (Kessel sind häufige Grabbeigaben) ebenso wie in den Mythen der Kelten. Diese magischen Kessel sind das Vorbild für die christliche Legende vom heiligen Gral.

Lebor Gabála Érenn [Lewor Gawala Erenn]: Das „Buch von der Besiedlung Irlands" wurde im 11. Jh. von christlichen Mönchen zusammengestellt. Es behandelt die mythische Geschichte Irlands von der Weltschöpfung bis zur Entstehungszeit des Werks. Dabei werden die keltische Überlieferung und biblische Geschichten und Motive miteinander verknüpft. Spannend ist, wie die Mythen die Geschichte spiegeln: Die erste Siedlerin ist eine Urfrau, die Verkörperung der Großen Mutter, Partholon soll aus Griechenland gekommen sein, Nemed aus Skythien, die Fir Bolg und später die Milesier aus Spanien. Möglicherweise wird hier also auf tatsächliche Wanderungen der Kelten Bezug genommen.

Lebor na hUidre [Lewor na Hidhre]: Das „Buch der dunklen Kuh" ist die älteste der irischen Sammelhandschriften. Es entstand um 1100 im Kloster Clonmacnoise. Darin sind auch Erzählungen aus dem Ulster-Zyklus enthalten.

Lug [Luj]: Enkel des Heilers Dian Cécht und wie er Mitglied der Tuatha Dé Danann, die er in der Schlacht von Mag Tuired zum Sieg über die Fomorier führt. Im Ulster-Zyklus ist er der göttliche Vater des Helden Cú Chulainn. Als gesamtkeltischer Gott ist Lug durch Ortsnamen wie Lugdunum (heute Lyon, Laon, Leiden) bezeugt.

Lugnasad [Lujnasadh]: Erntefest der Kelten zum Herbstbeginn am 1. August, ursprünglich dem Gott Lug geweiht. Lugnasad wurde in weiten Teilen des keltischen Europa mit großen Festspielen gefeiert.

Mabinogion [Mabinogjon]: Textsammlung aus Wales, die im 19. Jh. von Lady Charlotte Guest veröffentlicht wurde. Die Geschichten darin entstammen alten walisischen Mythen, Sagen und Märchen und haben eine lange mündliche Tradition. *Mabinogi* ist das kymrische Wort für „Kindheit". Vermutlich bezieht es sich darauf, dass der Kern der Geschichten die Kindheit des Pryderi war.

Macha [Macha]: Im irischen Ulster-Zyklus eine *síd*, eine Fee, die sich einen Bauern zum Mann nimmt. Als der vor König Conchobar mit ihrer Schnelligkeit prahlt, muss sie, obwohl sie mit Zwillingen schwanger ist, in einem Wettrennen gegen die königlichen Pferde antreten. Sie gewinnt, bringt die Zwillinge zur Welt, nach denen dieser Ort nun Emain Macha, „Machas Zwillinge", genannt wird, haucht aber noch auf der Rennbahn ihr Leben aus. Zuvor jedoch verflucht sie die Männer von Ulster: Wenn ihnen Gefahr droht, sollen sie fortan so schwach sein wie eine Wöchnerin. Ausgenommen von diesem Fluch ist nur Cú Chulainn, weil er nicht in Ulster geboren ist.

Matholwch [Matholuch]: In der walisischen Sage über den magischen Kessel des Brân ein irischer König, der um die Hand von Brâns Schwester anhält

Medb, auch: Mebh, Maeve [Mäidhw, Mäiw]: Mythische Königin von Connacht. Ihr Name bedeutet „die Berauschte", und wie im Rausch benimmt sie sich auch, als sie ihre Krieger sammelt, um den Stier von Cooley in Ulster zu rauben.

Merlin: Druide, Zauberer und Seher am Hof König Artus'. In vielen Varianten der Sage tritt er als Lehrer, Erzieher und Berater des Königs auf. In der älteren walisischen Überlieferung lautet sein Name Myrddin [Mördhin]. Hier ist er ein Dichter und Seher, der 573 n. Chr. in der Schlacht von Arfderydd [Arwderidh] in der Nähe von Carlisle den Verstand verliert und in die schottischen Wälder flieht.

Milesier: Die Nachfahren des Míl, des mythischen Ahnherrn der Iren. Über Skythien und Ägypten kommen sie nach Spanien, von wo aus sie in der sechsten Einwanderungswelle Irland besiedeln.

Morrígain [Morrijin]: Schlachtendämonin der irischen Mythologie. Als Morgane die Fee erscheint sie auch in der Artussage.

Nuadu [Nuadhu]: König der Tuatha Dé Danann, der im Kampf gegen die Fir Bolg einen Arm verliert und daraufhin zurücktreten muss. Dank eines künstlichen Arms aus Silber, den der Heiler Dian Cécht für ihn anfertigt, kann er aber vor der Schlacht gegen die Fomorier wieder als König eingesetzt werden.

Ogam [Oijam]: Schriftsystem, das im 3. oder 4. Jh. in Irland entstand und auch in Wales, Devon, Cornwall und auf der Insel Man benutzt wurde. Durch Punkte und Striche können 20 verschiedene Laute dargestellt werden. Sie diente zumeist dazu, Personennamen auf Menhiren – vermutlich Grabsteinen – anzubringen.

Ogma [Oijma]: Krieger und Gelehrter der Tuatha Dé Danann, mythischer Erfinder der Ogam-Schrift

Pryderi fab Pwyll Pen Annwfn [Pröderi wab Puöll Pen Annuwn]: In der walisischen Mythologie einer der drei mächtigen Schweinehirten Britanniens

Samhain [Sawin]: Fest des Winteranfangs, das in der Nacht zum 1. November gefeiert wurde. An diesem Tag begann für die Kelten auch das neue Jahr. Wie an Beltaine standen an Samhain die Grenzen zur Anderswelt offen.

Síde [Schiedhe]: Bewohner der irischen Anderswelt, im Deutschen mit „Fee“ oder „Elfe“ übersetzt

Sprachen: Die keltischen Sprachen sind ein eigener Zweig der indoeuropäischen Sprachfamilie. Man unterscheidet die festlandkeltischen und die inselkeltischen Sprachen. Erstere, zu denen Gallisch, Keltiberisch, Lepontisch und Galatisch gehörten, sind in der Spätantike ausgestorben. Von den inselkeltischen Sprachen haben Bretonisch, Kymrisch, Schottisch-Gälisch und Irisch bis heute überlebt. Erst vor Kurzem erloschen sind Manx und Kornisch.

Táin Bó Cuailnge [Tahn Wo Kualnge, Kulinge]: Irische Bezeichnung für das Epos *Der Rinderraub von Cooley*. Die älteste erhaltene Fassung findet sich im „Buch der dunklen Kuh“, das um 1100 geschrieben wurde. Die Geschichte ist aber sehr viel älter. Auf einer Deutungsebene erzählt sie von der Ablösung des Matriarchats, der Frauenherrschaft, durch das Patriarchat, die Herrschaft der Männer. Die Königin Medb versucht, ihren Mann, König Ailill, an Macht und Besitz zu übertreffen, sie wird aber von den anfangs geschwächten, später jedoch erstarkenden Männern von Ulster besiegt.

Tuatha Dé Danann [Tuatha Dee Danann]: Die „Stämme der Göttin Dana“, die in der mythischen fünften Einwanderungswelle Irland besiedeln und die Fomorier, das fleischgewordene Chaos, von der Insel vertreiben.

Ulster-Zyklus: Gruppe alt- und mittelirischer Erzählungen, die im Mittelalter aufgeschrieben wurden, die aber zur Zeit Christi Geburt spielen. Die bedeutendste Erzählung ist der *Rinderraub von Cooley*.

T. H. White: Englischer Schriftsteller des 20. Jh.s., der mit der Tetralogie *Der König auf Camelot* eine der bedeutendsten Nacherzählungen der Artussage schuf. Seine Schilderung von Artus' Erziehung durch den Zauberer und Druiden Merlin greift keltische Motive auf: Viele keltische Mythen erzählen von Menschen, die sich in Tiere verwandeln oder verwandelt werden.

QUELLENNACHWEIS

Birkhan, Helmut (Hrsg.): Bausteine zum Studium der Keltologie
Edition Praesens, Wien 2005

Botheroyd, Sylvia und Paul F.: Lexikon der keltischen Mythologie
Diederichs, München 1995

Clarus, Ingeborg: Keltische Mythen. Der Mensch und seine Anderswelt
Walter-Verlag, Olten 1991

Ellis, Peter Berresford: Die Druiden. Von der Weisheit der Kelten
Diederichs, München 1996

Green, Miranda Jane: Celtic Myths
British Museum Press, London 1993

Kinsella, Thomas: The Táin
Oxford University Press, Oxford 1969

Löpelmann, Martin (Hrsg. und Übs.): Keltische Sagen aus Irland
Diederichs, München 2001

Maier, Bernhard (Hrsg. und Übs.): Das Sagenbuch der walisischen Kelten. Die Vier Zweige des Mabinogi
Deutscher Taschenbuch Verlag, München 1999

Maier, Bernhard: Die Kelten. Ihre Geschichte von den Anfängen bis zur Gegenwart
Verlag C. H. Beck, München 2000

Maier, Bernhard: Lexikon der keltischen Religion und Kultur
Alfred Kröner Verlag, Stuttgart 1994

White, T. H.: The Once and Future King
Fontana, London 1987

Yeats, W. B.: Selected Poetry
Pan Books, London 1974

Die nacherzählten Mythen basieren auf den oben genannten Quellen, ursprünglich entstammen sie mittelalterlichen Handschriften. Die Geschichte *Wie Merlin den Knaben Artus erzog* basiert auf Auszügen aus T. H. Whites Roman *The Sword in the Stone* von 1939, dem ersten Teil der Tetralogie *The Once and Future King*. Sie wurde von Birgit Fricke aus dem Englischen übertragen und nacherzählt.

Deutschland
Archäologische Staatssammlung
Museum für Vor- und Frühgeschichte
Lerchenfeldstraße 2
80538 München
www.archaeologie-bayern.de
In der Daueraustellung des Museums können sich Besucher von der hohen Kunstfertigkeit der Kelten in der Hallstatt- und La-Tène-Zeit überzeugen. Außerdem werden Fundstücke aus dem Oppidum von Manching, einer spätkeltischen Großstadt, präsentiert.

kelten römer museum manching
Im Erlet 2
85077 Manching
www.museum-manching.de
Spuren der wohl bedeutendsten keltischen Stadt nördlich der Alpen sind bis heute sichtbar, z. B. Reste des Befestigungswalles und der Stadtmauer. Im Sommer 1999 gelang im Gelände des Manchinger Oppidums ein herausragender Fund: ein Schatz von 450 Goldmünzen. Er belegt die besondere Bedeutung Manchings als Zentrum des keltischen Handels.
Mit Werkstattprogramm für Kinder und Familien

Keltendorf Steinbach
Keltendorf am Donnersberg e. V.
Uhlandstraße 2
67808 Steinbach
www.keltendorf-steinbach.de
Modell einer keltischen Siedlung mit vielfältigen Mitmachangeboten für Kinder wie z. B. Bogenbau

Keltenmuseum am Glauberg
Hauptstraße 17
63695 Glauburg-Glauberg
www.keltenwelt-glauberg.de
Dieses neu erbaute Museum in Hessen gibt Einblick in die gesamte Bandbreite keltischer Kultur. Präsentiert werden Fundstücke vom Glauberg, einem 20 Hektar großen Areal, das um 450 v. Chr. den frühen Kelten als Siedlungsplatz und Bestattungsort diente. Zu den eindrucksvollsten Fundstücken zählt die 1,86 Meter große, fast vollständig erhaltene Skulptur eines Keltenfürsten. Auf dem Freigelände finden sich u. a. ein Fürstengrabhügel, ein Aussichtsturm und ein Lehrpfad.

Keltenmuseum Heuneburg
Holzgasse 6
88518 Herbertingen
www.heuneburg.de
Die Befestigung der Heuneburg ist das älteste massive Lehmbauwerk nördlich der Alpen. Über 2500 Jahre haben sich hier an der oberen Donau bei Hundersingen Reste einer keltischen Höhensiedlung erhalten. In den vergangenen Jahren wurde ein Teil dieser einmaligen Anlage rekonstruiert, darunter Lehmziegelmauer, Herrenhaus, Wohnhaus, Speicher und Werkstattgebäude und ein Wehrgang. In Workshops wie „Brettchengießen", „Färben mit Naturfarben", „Schmieden" und „Bronzegießen" können Besucher Handwerkstechniken der Kelten selbst ausprobieren.

Keltenmuseum Hochdorf
Keltenstraße 2
71735 Eberdingen-Hochdorf
www.keltenmuseum.de
Das keltische Fürstengrab von Hochdorf mit seinen Funden aus der Zeit um 540 v. Chr. steht im Mittelpunkt des Museums. Daneben werden die Lebensbedingungen der frühkeltischen Gesellschaft und die wirtschaftlichen und sozialen Verhältnisse verdeutlicht.
Grabkammer und Beigaben wurden mit „alten" Werkzeugen und handwerklichen Techniken mit Materialien wie in damaliger Zeit rekonstruiert und vermitteln einen authentischen Eindruck einer keltischen Bestattung vor 2500 Jahren.

Museum für Vor- und Frühgeschichte
Schlossplatz 16
66119 Saarbrücken
www.vorgeschichte.de
Das Grab der Fürstin von Reinheim ist eine reiche frühkeltische Bestattung, die sich heute im Orginal im Saarbrücker Museum für Vor- und Frühgeschichte befindet. Es barg die prachtvollsten Goldarbeiten aller bisher gefundenen keltischen Frauengräber, mit an Torques und Armreif angebrachten fantastischen Figuren und goldplattierten Fibeln.

Österreich
Keltenmuseum Hallein
Pflegerplatz 5
A-5400 Hallein
www.keltenmuseum.at
Der Ausstellungsschwerpunkt liegt beim prähistorischen Salzabbau und der Besiedelung des Dürrnberg durch die Kelten. Das Salz, auch „weißes Gold" genannt, zieht sich jedoch wie ein – in diesem Fall – weißer Faden durch die Ausstellung.
Mit museumspädagogischem Angebot „Kelten für Kinder"!

Keltenmuseum Hallstatt
Seestraße 56
A-4830 Hallstatt
www.museum-hallstatt.at
Die spektakulären Funde aus dem ältesten Salzbergwerk der Welt und die weltberühmten Funde vom Hallstätter Gräberfeld gaben der ganzen Kulturperiode ihren Namen. Nirgendwo sonst finden sich so reiche Grabbeigaben wie hier, darunter Bronzegeschirr aus Italien oder Waffen und Glas aus Slowenien und Bernsteinschmuck aus Nordeuropa.
Ein besonderes Angebot für Kinder und Jugendliche bilden das „Epochenatelier" und die „Museumsrallye".

REGISTER

Genehmigte Lizenzausgabe für Impian GmbH, Leverkusen 2024

Umschlaggestaltung: Nele Schütz Design
unter Verwendung von Illustrationen von Anne Bernhardi
Innenillustrationen: Anne Bernhardi, Leichlingen
Text: Anne Bernhardi und Birgit Fricke
Druck und Bindung: UAB BALTO print
Printed in Lithuania

ISBN 978-3-96269-176-9

www.impian.de